최강 역사 백과

우리 인류는 지금껏 엄청나게 많은 역사를 쌓아 왔어요. 그 중에는 남태평양 이스터섬의 모아이 석상, 영국의 스톤헨지 등 여전히 수수께끼를 간직한 것도 있고, '트로이'처럼 오랫동안 전설로만 전해지다가 실제로 찾아낸 도시도 있지요. 기록된 역사는 물론 땅속에서, 바닷속에서, 숲속과 밀림에서, 사막에서 우리는 중요한 역사를 발견해 왔어요. 전 세계 고고학자들과 역사학자들은 남아 있는 기록과 발굴 작업, 오래된 건축물과 전쟁에 얽힌 상처와 이야기 속에서 지금도 끊임없이 역사의 흔적을 찾아 헤매고 있답니다. 지금까지 찾아낸 역사도 어마어마하지만 어쩌면 아직 밝혀지지 않은 것들도 많을 거예요. 역사 속에는 수많은 비밀과 이야기, 믿기 힘든 사실들이 가득하거든요. 지금부터 그 흥미진진한 세계로 깊숙이 들어갈 거예요. 기대하시고 따라오세요!

Contents

밝혀지는 역사 • **6-41**

땅속에서 찾아낸 역사 • **42-77**

건축물에 담긴 역사 • 78-113

잔인한 전쟁 • 114-149

찾아보기 • 150

밝혀지는 역사

시간을 거슬러 올라가 역사의 흐름을 바꾼 굉장한 사건과 아이디어, 사람들을 만나 볼까요?

죽었지만 살아 있는	8
전쟁에 동원된 동물들	10
성을 공격하라	12
돈과 명예	14
세계의 불가사의	16
영웅과 악당	18
위대한 전사들	20
암살당한 지도자들	22
전염병이 휩쓸고 가면	24
끔찍한 희생	26
멋지게 보일 수만 있다면	28
못 먹는 게 없어요	30
죄와 벌	32
살리거나 죽이거나	34
가난한 사람들과 부자들	36
전쟁과 평화	38
엉터리 법	40

◀ 영화 〈트로이(2004)〉는 트로이 전쟁 이야기를 담고 있어요. 고대 그리스인들은 기원전 1200년대에 그리스와 트로이 사이에 큰 전쟁이 벌어졌다고 믿었답니다.

죽었지만 살아 있는

고대 이집트 사람들은 죽은 사람의 영혼이 가게 되는 또 다른 세상, 다시 말해 '저승'에 가려면 몸이 필요하다고 믿었어요. 그래서 몸을 잘 보존하기 위해 미라를 만드는 기술을 개발했답니다.

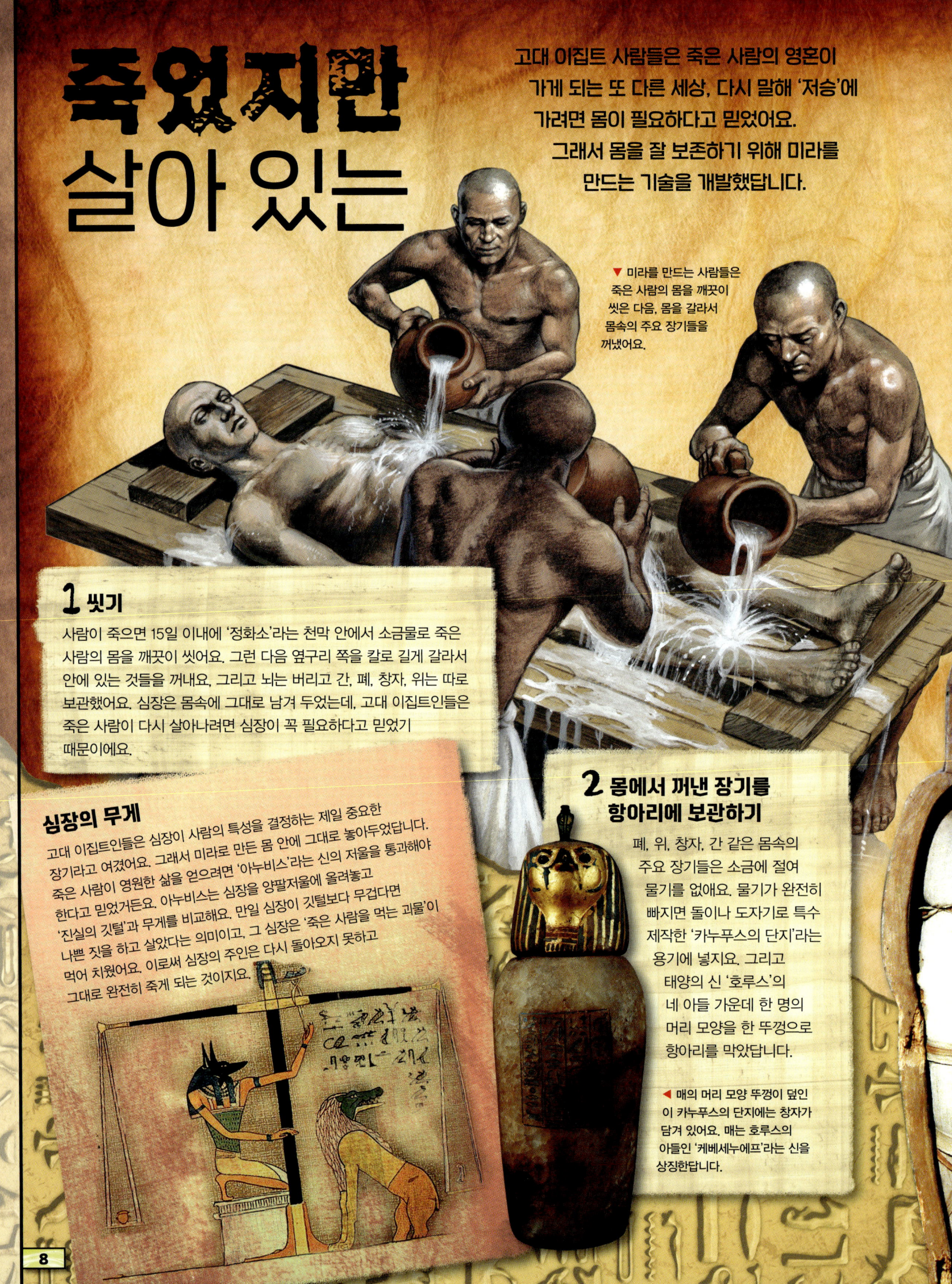

▼ 미라를 만드는 사람들은 죽은 사람의 몸을 깨끗이 씻은 다음, 몸을 갈라서 몸속의 주요 장기들을 꺼냈어요.

1 씻기

사람이 죽으면 15일 이내에 '정화소'라는 천막 안에서 소금물로 죽은 사람의 몸을 깨끗이 씻어요. 그런 다음 옆구리 쪽을 칼로 길게 갈라서 안에 있는 것들을 꺼내요. 그리고 뇌는 버리고 간, 폐, 창자, 위는 따로 보관했어요. 심장은 몸속에 그대로 남겨 두었는데, 고대 이집트인들은 죽은 사람이 다시 살아나려면 심장이 꼭 필요하다고 믿었기 때문이에요.

심장의 무게

고대 이집트인들은 심장이 사람의 특성을 결정하는 제일 중요한 장기라고 여겼어요. 그래서 미라로 만든 몸 안에 그대로 놓아두었답니다. 죽은 사람이 영원한 삶을 얻으려면 '아누비스'라는 신의 저울을 통과해야 한다고 믿었거든요. 아누비스는 심장을 양팔저울에 올려놓고 '진실의 깃털'과 무게를 비교해요. 만일 심장이 깃털보다 무겁다면 나쁜 짓을 하고 살았다는 의미이고, 그 심장은 '죽은 사람을 먹는 괴물'이 먹어 치웠어요. 이로써 심장의 주인은 다시 돌아오지 못하고 그대로 완전히 죽게 되는 것이지요.

2 몸에서 꺼낸 장기를 항아리에 보관하기

폐, 위, 창자, 간 같은 몸속의 주요 장기들은 소금에 절여 물기를 없애요. 물기가 완전히 빠지면 돌이나 도자기로 특수 제작한 '카누푸스의 단지'라는 용기에 넣지요. 그리고 태양의 신 '호루스'의 네 아들 가운데 한 명의 머리 모양을 한 뚜껑으로 항아리를 막았답니다.

◀ 매의 머리 모양 뚜껑이 덮인 이 카누푸스의 단지에는 창자가 담겨 있어요. 매는 호루스의 아들인 '케베세누에프'라는 신을 상징한답니다.

3 말리기

시간이 지나면 죽은 몸에 있는 살이 썩어요. 이런 현상을 막으려면 몸에 있는 물기를 완전히 없애야 하지요. 미라를 만드는 사람들은 '나트론'이라는 특수한 소금으로 시체의 몸속을 채운 다음, 나트론이 가득한 욕조 안에 40일 동안 담가 둬요. 그러면 몸의 물기가 빠지면서 시체가 쪼글쪼글 단단해지고 검푸른색으로 변한답니다.

◀ 몸의 물기를 완전히 없애기 위해 최대 225킬로그램의 나트론 속에 시체를 넣어 둬요.

1 리넨 붕대로 머리를 감싼 다음, 몸속 장기를 빼낸 구멍에는 '호루스의 눈'을 그려 넣어요..

2 몸통과 팔다리를 붕대로 감싸요.

3 몸 전체를 통째로 붕대로 칭칭 감아요.

4 붕대로 감는 작업을 마무리해요.

5 질긴 캔버스 천으로 전체를 둘러싸요.

4 붕대로 감싸기

나트론을 모두 털어 내고 나서, 바싹 마른 시체에 기름을 바르고 가짜 눈과 가발을 장식해요. 살아 있을 때의 모습과 비슷하게 만들려는 것이지요. 그런 다음 송진을 부어 몸을 단단하게 고정하고 곰팡이가 자라지 못하게 해요. 마지막으로 아마로 만든 섬유인 리넨과 톱밥으로 몸속을 채운 다음 길이 15미터의 리넨 붕대로 온몸을 칭칭 감아요. 붕대를 감는 15일 동안 사람들은 끊임 없이 기도를 한답니다.

◀ 온몸을 붕대로 감는 일은 다섯 단계에 걸쳐 이루어졌는데, 언제나 시작은 머리부터였어요. 그리고 죽은 사람이 사후 세계에서 해를 입지 않도록 붕대를 감는 동안 붕대 사이에 행운의 부적들을 끼워 넣었답니다.

5 귀한 물건들 넣기

마지막으로, 보존 처리된 몸을 나무 상자에 넣어요. 고대 이집트인들은 죽음을 인생에서 잠깐 쉬어가는 것으로 여겼기 때문에 보석, 옷, 신발, 악기, 가구 등 매일 쓰는 물건들을 미라와 함께 묻었답니다. 반려동물로 기르던 개나 고양이도 저승에서 주인과 함께하라는 뜻으로 미라로 만들었어요.

◀ 값비싼 관은 사람과 같은 모양이었고 주술의 의미가 담긴 문양들로 장식되어 있었어요. 관에 그려진 눈과 같은 신체적 특징들이 저승으로 가는 길을 돕는다고 생각했거든요.

▶ 이 미라는 무려 4000년이나 지나서 발견되었어요. 고대 이집트인들의 미라 보존 기술 덕분에 이 사람의 특징을 지금도 알아볼 수 있지요.

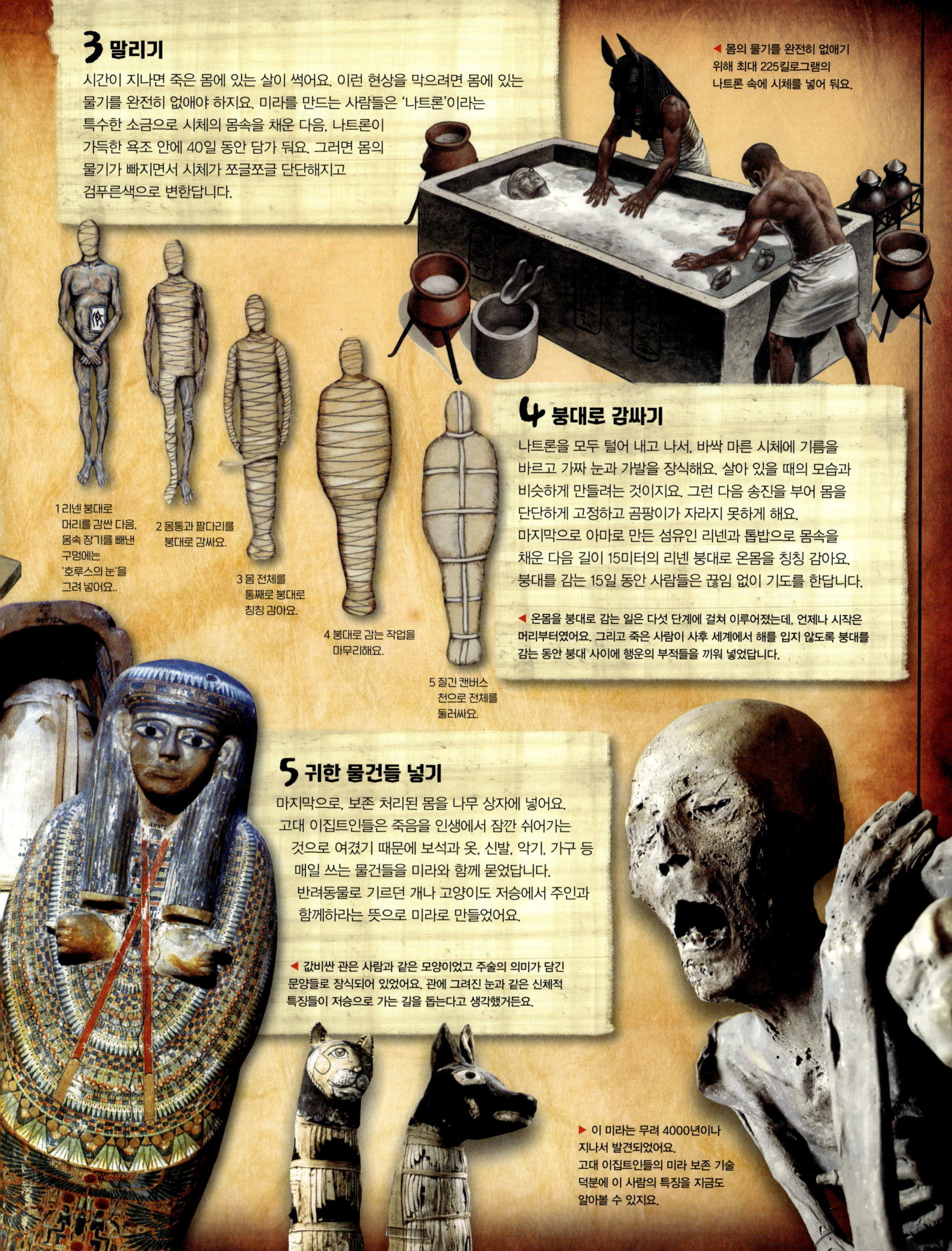

전쟁에 동원된 동물들

아주 옛날에는 전쟁이 터지면 장군들은 적군을 이기기 위해 다양한 동물을 이용했어요. 가장 흔히 이용했던 동물은 말이었어요. 말들은 '기병'이라고 불리는 병사를 태우고, 전차를 끌고, 무거운 짐을 실어 날랐지요. 낙타는 느리기는 하지만 사막에서 싸울 때는 꽤 유용했어요. 그중에서도 제일의 동물 부대는 힘센 코끼리였어요. 아시아, 북아프리카, 남유럽에서 코끼리는 모든 것을 짓밟아 뭉개고 적군을 벌벌 떨게 하는 살아 있는 탱크나 다름없었답니다.

▼ 기원전 218년, 북아프리카의 고대 도시 국가 카르타고의 장군 한니발은 적군인 로마를 상대로 놀라운 공격술을 선보였어요. 전투용으로 훈련된 코끼리 부대를 이끌고 알프스산맥을 넘어 이탈리아까지 진격해 들어갔던 거예요. 한니발 장군은 자리에서 물러나기 전까지 3번이나 큰 승리를 거두었답니다.

코끼리를 막아라!

커다란 귀를 펄럭이고, 기다란 코를 치켜들고, 단단한 엄니로 찌르고…… 전투에 나선 코끼리 부대의 이런 엄청난 모습은 제일 용감한 병사마저 겁에 질리게 할 정도였어요. 하지만 시간당 50킬로미터의 속도로 덤벼드는 코끼리 부대를 막기 위한 전술도 속속 등장했답니다. 로마인들은 코끼리와 부딪치기 직전에 살짝 피하는 법을 익혔고, 마케도니아의 알렉산더 대왕이 이끄는 군사들은 코끼리의 허벅지 뒤쪽을 도끼로 공격했어요. 몽골인들은 돌을 쏘아 댔지요. 좀 더 나중에는 대포로 코끼리 부대를 쓰러뜨릴 수 있게 되었고요.

돌격!

중앙아시아의 몇몇 사람들은 달리는 말 위에서도 활을 정확히 잘 쏘기로 유명했어요. 하지만 말을 타고 싸우는 병사인 '기병'이 제대로 힘을 발휘할 수 있게 된 건 4세기에 '등자'가 발명되면서부터랍니다. 등자는 말의 양쪽 옆구리에 늘어뜨려 말을 타고 두 발로 디딜 수 있도록 해 주는 장치를 말해요. 기병의 가장 웅장한 형태는 말을 탄 중세 기사들이었어요. 이후에는 중세 기사들처럼 갑옷 등의 철저한 무장을 갖춘 모습은 아니었지만, 기병은 20세기 들어서도 한동안 전쟁에서 중요한 역할을 했답니다.

▲ 러시아를 상대로 한 크림 전쟁이 벌어지던 1854년, 발라클라바 전투에서 말에 올라탄 약 650명의 영국 병사들이 적군의 대포를 향해 돌격했어요. 당시 전투에서 240명이 넘는 병사가 죽거나 다쳤답니다. 영국의 시인 알프레드 테니슨 경은 1854년 〈경기병대의 돌격〉이라는 시를 써서 희생된 병사들을 추모했어요.

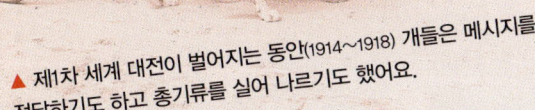

▲ 제1차 세계 대전이 벌어지는 동안(1914~1918) 개들은 메시지를 전달하기도 하고 총기류를 실어 나르기도 했어요.

멍멍! 파닥파닥!

사람은 메시지를 전달하기에 너무 느리고 취약해요. 무선으로 메시지를 주고받을 수 있게 되기 전까지 먼 곳으로 빠르게 정보를 전달하는 제일 좋은 방법은 훈련시킨 비둘기인 '전서구'의 다리에 묶어서 보내는 것이었어요. 험한 지역을 내달려 정보를 전달해야 할 경우에는 개가 최고였고요.

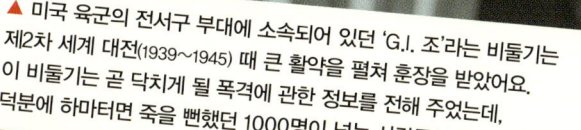

▲ 미국 육군의 전서구 부대에 소속되어 있던 'G.I. 조'라는 비둘기는 제2차 세계 대전(1939~1945) 때 큰 활약을 펼쳐 훈장을 받았어요. 이 비둘기는 곧 닥치게 될 폭격에 관한 정보를 전해 주었는데, 덕분에 하마터면 죽을 뻔했던 1000명이 넘는 사람들이 목숨을 건졌답니다.

미국 해군은 한때 돌고래를 훈련시킨 적이 있어요. 해군 함정과 군사 기지에 몰래 접근해 비밀 정보를 빼내려는 잠수부들을 찾아내기 위해서였지요.

낙타 부대

영국, 인도, 오스트레일리아, 뉴질랜드에 배치되어 있던 대영 제국의 낙타 부대(1916~1918)는 제1차 세계 대전(1914~1918) 때 중동 지역에서 뛰어난 활약을 했어요. 물 없이도 5일을 버틸 수 있는 낙타는 사막에서 수행하는 작전에 꼭 알맞았답니다.

11

성을 공격하라

중세 시대에 성은 주인의 권력과 힘, 지위를 상징하는 막강한 상징이었어요. 만일 성이 무너진다면 그 모든 것이 함께 무너질 수밖에 없었지요. 그래서 성을 짓는 책임자는 성을 향한 공격에 대비해 가능한 모든 방어책을 강구해야 했어요. 이를테면 성벽 꼭대기에 톱니 모양의 구조물, 즉 '여장'을 설치하거나 성 주위에 깊은 연못, 즉 '해자'를 만드는 식으로 말이에요. 성 밖에서 공격을 가하는 병사들도 성을 뚫고 들어갈 온갖 방법들을 동원했답니다.

투석기
중력을 이용하는 기계로, 작동 속도는 느리지만 무게 140킬로그램짜리 돌을 수백 미터 거리까지 날려 보낼 수 있었어요.

궁수
궁수는 활쏘기를 주로 담당하는 병사를 말해요. 이들은 성의 제일 높은 곳에서 화살을 비 오듯 쏘아 대 적군이 뒤로 물러나도록 했어요.

성벽
성벽은 돌을 쌓아 매우 두껍게 만들었어요. 성벽의 밑부분은 돌 표면을 매끈하게 다듬고 비스듬하게 쌓아 적들이 쉽게 기어오르지 못하게 했어요.

여장
여장은 성을 수비하는 병사들이 몸을 숨길 수 있는 공간을 제공했어요.

공격
방어

보병
성에 있는 사람들은 적군의 직접적인 공격보다는 굶주림 때문에 항복하는 경우가 많았어요. 적군의 보병들이 성 주위에 진을 치고 밖에서 성으로 아무것도 들어가지 못하게 감시하곤 했거든요.

당김식 투석기
마치 커다란 새총처럼 생긴 이것은 비트는 힘을 활용하는 무기로, 주로 포위 공격에 동원되었어요. 이 기계에는 금속 스프링이 쓰이기도 했지만 대개는 말의 털을 꼬아서 사용했어요.

임시 울타리(호딩)
높은 곳에서 내려다볼 수 있는 전망대를 갖춘 나무 구조물로, 이곳에서 수비병들은 불화살을 쏠 수 있었어요.

뜨거운 물
수비하는 병사들은 성벽을 기어오르는 적군들에게 뜨거운 물을 쏟아부었어요.

탑
14세기까지는 성의 가장 약한 부분인 성문 주변에 제일 튼튼한 탑들을 집중적으로 배치해 놓았답니다.

총안(마시쿨리)
성벽에 뚫어 놓은 구멍으로, 여기서 수비병들은 성을 공격해 오는 사람들에 맞서 화살을 쏘거나 뜨거운 기름과 돌을 떨어뜨렸어요.

돌 던지기
성벽에 있는 여장에서는 아래쪽에 있는 적군을 향해 무거운 돌과 화살을 비 오듯 퍼부었어요.

공성탑
바퀴가 달려 있는 이 탑은 공격하는 병사들이 무사히 성벽 위까지 오를 수 있게 해 주었어요.

구멍
성벽에 뚫어 놓은 좁은 공간을 통해 방어측 궁수들은 안전하게 활을 쏠 수 있었답니다.

사다리
성을 공격하는 가장 간단하고 빠른 방법은 사다리를 놓고 성벽을 기어오르는 것이었어요. 적은 수의 병사라도 일단 성 안으로 들여보내 성문을 여는 게 목표였지요.

공성 망치
크고 무거운 통나무로 만든 이 단순한 무기는 성벽과 성문을 공격하는 데 쓰였답니다.

커다란 방패
바퀴가 달린 이 나무 방패는 성 안에서 날아드는 반격으로부터 공격병들을 보호해 주었어요.

황당한 작전들

공격병들이 전염병으로 죽은 시체를 성벽 너머로 날려 보내면 수비병들은 순식간에 위험에 처할 수밖에 없었어요.

성을 지키는 병사들은 '샐리 포트'라는 비상구를 통해 슬며시 적군에 접근할 수 있었어요. 영국 에섹스에 위치한 헤이들리 성을 지키는 병사들은 샐리 포트로 몰래 들여온 생선을 공격병들에게 퍼부었다고 해요.

1306년, 영국 스코틀랜드에 있는 킬드러미 성이 웨일스 공 에드워드의 손에 넘어갔어요. 대장장이 '오스본'이 배신을 해서 성의 곡식 창고에 불을 질렀기 때문이에요.

1204년, 프랑스 병사들은 샤토 가이야르의 하수구를 타고 올라가 영국의 존 왕에게서 성을 빼앗았어요. 샤토 가이야르는 영국의 왕 리처드 1세가 프랑스 북부 노르망디에 지은 난공불락의 요새였답니다.

돈과 명예

역사 속 가장 위대한 탐험과 발견, 모험을 이끈 보이지 않는 힘은 사람의 호기심이에요. 사람들은 과학 지식을 더 많이 쌓기 위해, 종교적 믿음을 널리 퍼뜨리기 위해, 부와 권력을 얻기 위해, 혹은 그저 순수한 관심으로 탐험을 해 왔어요. 그런 한편, 단순히 돈과 명예에 이끌려 탐험에 나선 사람도 많았답니다.

신세계

1492년 이탈리아의 탐험가 크리스토퍼 콜럼버스(1451~1506)는 아시아와의 향신료 무역을 위한 새로운 바닷길을 찾기 위해 항해에 나섰어요. 스페인을 출발해 바다를 떠돌다 마침내 육지를 발견한 그는 그곳이 일본이라고 생각했지요. 하지만 당시 콜럼버스가 찾아낸 것은 사실 새로운 대륙, 즉 아메리카 대륙이었답니다. 그가 스페인으로 돌아온 이후 그 새로운 땅은 '신대륙'으로 알려졌어요. 콜럼버스는 자신과 가족들 모두 '큰 보상'을 얻을 수 있다는 희망을 품고 새로운 것을 찾아 여러 차례 항해에 나섰답니다.

숨겨진 보물?

'검은 수염'이라는 별명으로 더 유명한 에드워드 티치(1680~1718)는 무시무시한 해적이었어요. 일부러 무서운 모습을 하고 다닌 것으로도 잘 알려져 있는데, 심지어는 천천히 타들어 가는 도화선을 모자 밑에 찔러 넣은 모습으로 나타나기도 했답니다. '검은 수염'은 카리브해와 대서양에서 지나가는 배를 습격해 물건을 빼앗는 해적질을 하다가 결국 영국 해군의 손에 죽고 말았어요. 이후 보물 사냥꾼들은 '검은 수염'이 숨겨 놓았다고 전해지는 엄청난 보물을 찾아 여기저기 뒤지고 다녔답니다.

지구를 가로질러

1519년, 포르투갈의 제독인 페르디난드 마젤란(1480~1521)은 서쪽으로 계속 나아가 '향신료 제도'(오늘날 인도네시아에 속하는 '말루쿠 제도'를 말해요)로 가는 새로운 바닷길을 개척하기 위한 여정에 올랐어요. 마젤란과 선원들은 배를 타고 남아메리카 대륙을 빙 돌아서 태평양을 가로질렀답니다. 역사에 남을 이 엄청난 여정으로 마젤란은 유명한 인물이 되었지만, 살아생전 그 명성을 누릴 수는 없었어요. 최종 목적지에 도착하기 전에 필리핀 전사들에게 죽음을 당했거든요.

금을 파낸 사나이

19세기 유럽에서, 교육받은 사람들은 대부분 고대 그리스의 시인 호메로스가 쓴 서사시 〈일리아드〉를 읽었어요. 그리고 이 시의 주요 무대인 '트로이'가 그저 전설에나 나오는 도시라고 믿었답니다. 그런데 사업가이자 아마추어 고고학자인 하인리히 슐리만(1822~1890)에 의해 땅속에 묻혀 있던 트로이가 실제로 모습을 드러냈어요. 1871년부터 1873년에 걸쳐 그는 튀르키예의 히사를리크 언덕에서 트로이의 유적을 발굴하는 작업을 진행했어요. 그곳은 수천 년간 적어도 아홉 개의 고대 그리스 도시들이 세워졌다 무너졌다를 반복했던 장소였지요. 슐리만은 유적을 발굴하는 과정에서 금으로 된 많은 보물을 챙기기도 했답니다.

길고 긴 여행

《동방견문록》은 이탈리아 베네치아의 상인이었던 마르코 폴로(1254~1324)의 중국(원나라) 여행 이야기를 기록한 책이에요. 이 책에서 폴로는 자신이 본 것 중 절반도 말하지 않았다고 했는데, 아무도 믿지 않을 게 뻔하다는 것이 그 이유였지요. 그만큼 신기하고 희한한 것들이 많았던 거예요. 마르코 폴로는 총 4만 킬로미터가 넘는 거리를 여행하며 새로운 세상을 경험했고 놀라운 발명품과 획기적인 기술을 접했답니다.

마지막으로 한 번만 더!

영국의 고고학자 하워드 카터(1874~1939)는 이집트에 있는 '왕가의 계곡' 어딘가에 고대 이집트의 왕 파라오의 무덤이 온전히 남아 있을 거라고 확신했어요. 그렇게 5년 동안 왕의 무덤을 찾아 헤매던 중 1922년 카터의 후원자인 카나본 백작은 딱 한 번만 더 찾아볼 만큼만 자금을 대주기로 했어요. 다행히 그걸로 충분했답니다. 그해 말 고고학 역사에 기록될 만한 커다란 발견을 해 냈거든요. 기원전 1327년 이래로 사람의 손길이 전혀 닿은 적 없던 투탕카멘의 무덤을 찾아낸 거예요. 투탕카멘은 이집트의 제18왕조 12대 왕으로 안타깝게도 18세의 어린 나이에 사망했답니다.

해적? 애국자?

16세기 잉글랜드 왕국의 군인인 프랜시스 드레이크(1540~1596) 경은 1577년부터 1580년까지 바다를 누비며 보물을 실은 스페인의 배를 공격해 값나가는 물건들을 빼앗곤 했어요. 영국으로 돌아온 드레이크는 영웅으로 칭송받았고 잉글랜드에 공헌한 대가로 엘리자베스 1세로부터 기사 작위를 받았답니다. 하지만 스페인의 입장에서는 그저 살인을 일삼는 해적에 지나지 않았어요.

세계의 불가사의

'고대의 세계 7대 불가사의'라고 들어 본 적 있나요? 그리스를 여행했다면 여행 가이드에게서 들어 봤을 거예요. 그런데 어떤 유적이 7대 불가사의에 해당하는지, 그리고 그중 몇 개나 실제로 존재했는지에 대해서는 사실 역사학자들 사이에서도 의견이 갈려요. 어쩌면 우리는 그 비밀을 영원히 모를 수도 있어요. 남아 있는 것이라고는 우뚝 서 있는 거대한 피라미드뿐이니까요.

이집트 기자의 거대한 피라미드

- 생김새: 거대한 돌무덤
- 위치: 이집트 카이로 근처
- 시기: 쿠푸 왕이 다스리던 때 (기원전 2575~기원전 2465)
- 크기: 밑바닥 넓이 230제곱킬로미터, 높이 145미터
- 설명: 밑바닥의 네 꼭짓점이 각각 동서남북을 가리키고 있고, 약 230만 개의 화강암으로 만들어진 이 피라미드는 고대 이집트의 쿠푸 왕과 왕비의 무덤이에요. 피라미드가 이런 사각뿔의 모양을 하게 된 이유는 꼭대기가 하늘, 즉 태양신인 '라(Ra)'를 향하도록 하려고 했기 때문일 거예요.

바빌론의 공중정원

- 설명: 펌프와 물길로 이루어진 정교한 시스템으로 유프라테스강에서 물을 끌어와 정원에 물을 댔다는 기록이 있어요. 바빌론의 이 공중정원은 궁정의 놀이 시설이었다고 해요. 신바빌로니아의 네부카드네자르 왕이 아내 아미티스가 고향인 페르시아의 푸른 숲을 그리워하는 모습을 보고 이 정원을 만들었다는 이야기가 있어요.
- 생김새: 테라스에 만든 정원
- 위치: 고대 메소포타미아(지금의 이라크 남부)의 수도 바빌론
- 시기: 아시리아의 삼무라마트 여왕 (기원전 810~기원전 783) 혹은 네부카드네자르 2세(기원전 605~기원전 561 추정)가 다스리던 시대
- 크기: 알 수 없음

올림피아의 제우스 동상

- 생김새: 엄청난 양의 금과 상아로 만든 동상
- 위치: 고대 그리스 펠로폰네소스에 있는 올림피아
- 시기: 기원전 430년경 조각가 페이디아스가 만듦
- 크기: 높이 12미터
- 설명: 고대 올림픽은 매우 중요한 종교 행사였기 때문에 종합경기장은 그리스 신들의 왕인 제우스의 신전으로 꾸며졌어요. 제우스의 동상은 앉아 있는 모습이었지만, 일어설 경우 지붕을 너끈히 뚫고도 남을 듯한 인상을 풍겼답니다.

에페수스의 아르테미스 신전

설명: 반짝이는 하얀 대리석으로 만든 아르테미스 신전은 예술작품으로 가득했어요. 아르테미스('디아나'라는 이름으로도 알려져 있어요)는 고대 신화 속 달의 여신이에요. 이 신전은 기원후 268년에 파괴되었다가 다시 지어졌지만 결국 401년에 완전히 무너져 버렸답니다.

생김새: 거대한 대리석 기둥의 신전
위치: 에페수스, 오늘날의 튀르키예에 해당
시기: 기원전 550년경 리디아의 왕 크로이소스에 의해 건축
크기: 길이 110미터, 너비 55미터

할리카르나소스의 마우솔로스 영묘

설명: 반짝반짝 빛나는 이 무덤의 밑바닥은 단순한 정사각형이었어요. 그 위에 콜로네이드(기둥로 세운 기둥들)를 세우고, 꼭대기에는 피라미드 모양의 지붕이 있었지요. 그 위로는 마우솔로스 왕과 아르테미시아 여왕이 4마리 말이 끄는 전차에 타고 있는 모습의 동상이 얹혀 있었답니다. 이 무덤은 마우솔로스에 대한 아르테미시아의 사랑을 보여 주기 위해, 그리고 두 사람을 찬양하기 위해 만든 거예요.

생김새: 보석 상자 모양의 거대한 무덤
위치: 튀르키예의 고대 도시 할리카르나소스(지금의 보드룸)가 내려다보이는 곳
시기: 서남아시아의 고대 국가 카리아의 마우솔로스 왕의 누이이자 아내였던 아르테미시아 2세 여왕의 명을 받아 기원전 353~기원전 350년에 건축된 것으로 추정
크기: 밑바닥 정사각형 한 변의 길이 약 11미터, 높이 45미터

로도스의 거대한 동상

설명: 로도스섬에 살던 사람들은 청동과 철로 태양의 신 헬리오스의 동상을 세웠어요. 적들의 공격으로부터 도시를 지켜 주는 신에 대한 감사의 마음을 담았답니다.

생김새: 항구 입구에 서 있는 거대한 동상
위치: 로도스섬(에게해 동쪽 끝에 있는 그리스의 섬)
시기: 기원전 292~기원전 280년
크기: 높이 30미터 이상

알렉산드리아의 파로스 등대

설명: 돌로 만든 파로스 등대는 폭이 점점 좁아지는 3개의 층으로 구성되어 있었어요. 제일 아래는 정사각형, 그 위는 팔각형, 꼭대기는 원통 모양이었지요. 꼭대기에 불을 붙여 거울로 반사시키면 47킬로미터 떨어진 곳에서도 그 불을 볼 수 있었어요. 이 등대는 나일강 주변에서 발생하는 위험한 상황을 뱃사람들에게 알려주는 역할을 했답니다.

생김새: 전형적인 모습의 등대
위치: 이집트 알렉산드리아의 파로스섬
시기: 기원전 280~기원전 247년
크기: 높이 110미터

영웅은 사람들에게 선한 마음과 품위, 바람직한 행동을 일깨우는 본보기가 되어 준답니다. 옛날에는 주로 힘과 용기가 탁월한 전사들을 영웅으로 치켜세웠어요. 그러나 오늘날에는 평화와 행복을 위해 열심히 활동하는 사람들이 많은 이들의 존경을 받곤 하지요.

마르쿠스 아우렐리우스(121~180)
로마인의 사랑을 한몸에 받았으며 평화를 추구한 철학자이자 황제였어요. 아우렐리우스가 남긴 책 《명상록》은 프로이센의 프리드리히 대왕을 비롯한 수많은 사람들이 갈등을 해결할 좋은 방법을 떠올리는 데 많은 도움을 주었답니다.

공자(기원전 551~기원전 479)
중국의 위대한 학자이자 관리였던 공자는 모든 사람과 국가를 올바른 길로 이끌기 위해 도덕의 가치를 널리 전파하며 이곳저곳 떠돌아다녔답니다.

영웅과 악당

역사에 기록된 악당들은 잔인하고, 제멋대로 행동하며, 권력에 굶주려 있고, 자기 이익만 챙기는 등 못된 행실과 끔찍한 성격으로 유명해요. 그들은 대체로 목표를 이루기 위해 수단과 방법을 가리지 않았지요.

훈족의 왕 아틸라(406~453 추정)
동유럽 전역에 걸쳐 '훈족 제국'을 세운 아틸라는 그의 적들에게 '신의 채찍'이라고 불렸답니다. 점령지에서 영토와 재물을 모조리 빼앗기 위해 무자비한 정책을 벌였기 때문이에요.

칼리굴라(12~41)
사람을 죽이는 일도 거리낌 없고, 기분 내키는 대로 행동하고, 돈을 펑펑 써 대고, 잘난 척이 심하고, 남에게 복수할 궁리만 하고, 아마도 제정신이 아니었을 것이라는 말까지, 이런 온갖 나쁜 말들이 로마 황제 칼리굴라가 어떤 사람이었는지를 말해 주지요. 심지어는 자기가 신이라고 주장했다는 말도 있어요.

에이브러햄 링컨(1809~1865)
미국 남북 전쟁(1861~1865) 때 북군을 승리로 이끌었고 노예 제도를 폐지했어요. 링컨은 1865년에 부인과 함께 연극을 보던 중 암살을 당하고 말았답니다.

플로렌스 나이팅게일(1820~1910)
영국의 간호사 나이팅게일은 크림 전쟁(1853~1856) 기간에 다친 병사들을 세심히 돌보며 간호한 일로 잘 알려져 있어요. 당시 환자들 사이에서 그녀는 '등불을 든 여인'이라고 불리기도 했답니다. 밤에도 자주 환자들을 돌보러 다녔기 때문이지요. 나이팅게일은 '간호'라는 일이 하나의 어엿한 직업임을 널리 알리는 데 힘썼답니다.

넬슨 만델라(1918~2013)
1948년, 남아프리카공화국은 '아파르트헤이트(법으로 강제한 인종 차별)'라는 정책을 실행하기 시작했어요. 만델라는 아파르트헤이트에 저항하는 운동을 이끌었고, 관용과 평등을 위해 싸우는 상징과도 같은 인물이었어요. 이로 인해 27년간 감옥 생활을 해야만 했지요. 감옥에서 풀려난 뒤에는 정치인으로서 많은 존경을 받았답니다.

칭기즈칸(1162~1227 추정)
동북아시아의 평범한 부족 지도자로 태어난 칭기즈칸은 몽골의 유목민 부족들을 하나로 통합시켰어요. 스스로를 '세계의 지배자'라고 불렀던 칭기즈칸은 실제로 세계 역사상 가장 큰 제국을 건설했답니다. 끊임없이 영토를 늘리고 정복한 지역 주민들을 잔인하게 살육하면서 말이에요.

폭군 이반(1530~1584)
러시아의 첫 '차르'(제정 러시아 시대의 황제)였던 이반 4세는 기분 내키는 대로 잔인한 짓을 서슴지 않았어요. 많은 사람들을 죽인 것은 물론, 심지어는 화를 참지 못해 자기 아들까지 죽였답니다.

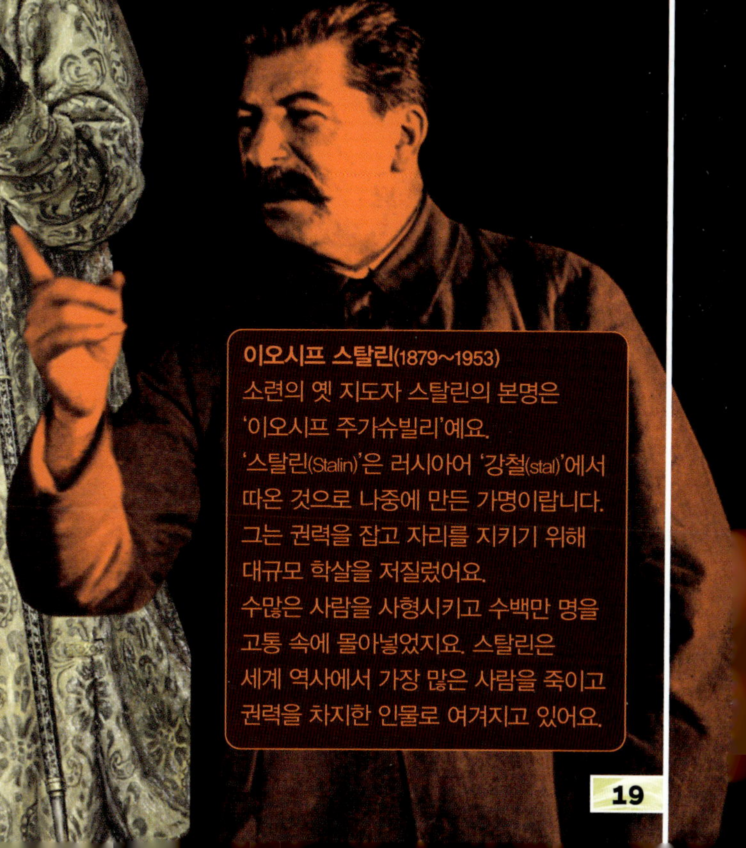

이오시프 스탈린(1879~1953)
소련의 옛 지도자 스탈린의 본명은 '이오시프 주가슈빌리'예요. '스탈린(Stalin)'은 러시아어 '강철(stal)'에서 따온 것으로 나중에 만든 가명이랍니다. 그는 권력을 잡고 자리를 지키기 위해 대규모 학살을 저질렀어요. 수많은 사람을 사형시키고 수백만 명을 고통 속에 몰아넣었지요. 스탈린은 세계 역사에서 가장 많은 사람을 죽이고 권력을 차지한 인물로 여겨지고 있어요.

위대한 전사들

전투에서 이기려면 근육의 힘만큼이나 마음 자세도 중요해요. 첫인상도 매우 중요해서 딱 보기에 기세등등하고 강해 보이는 쪽이 이기는 경우가 많았지요. 번쩍이는 갑옷으로 무장한 중세 기사부터 약탈자 바이킹까지, 역사에 기록된 최고의 전사들은 종종 굉장한 성공을 거두곤 했답니다.

장갑 보병

- **종류**: 시민 보병
- **활동 지역**: 고대 그리스
- **활동 시기**: 기원전 8~4세기
- **머리 보호구**: 뺨쪽에 금속판을 댄 투구
- **몸통 보호구**: 청동이나 리넨 천으로 만든 가슴 갑옷과 정강이 갑옷
- **무기**: 길이 3미터의 창과 단검
- **방패**: 나무 또는 청동으로 만든 둥근 모양
- **군기(기강)**: 높은 수준
- **주요 기록**: 기원전 490년에 마라톤 전투에서 페르시아군을 물리침

로마 보병

- **종류**: 직업 보병
- **활동 지역**: 유럽과 중동 근처
- **활동 시기**: 기원전 2세기~기원후 5세기
- **머리 보호구**: 뺨쪽에 금속판을 댄 둥근 모양의 강철 투구
- **몸통 보호구**: 상반신과 어깨를 보호하는 금속판
- **무기**: 길이 2미터의 창과 단검
- **방패**: 크기가 크고 (기원후 1세기부터는) 휘어진 직사각형 모양으로, 청동이나 철로 보강한 합판으로 만듦
- **군기(기강)**: 매우 뛰어남
- **주요 기록**: 기원후 1세기에 영국의 브리튼섬(잉글랜드, 스코틀랜드, 웨일스)을 정복함

바이킹

- **종류**: 북유럽 전사들의 무리로, 나중에는 한데 모여 큰 군사 조직들을 형성
- **활동 지역**: 유럽, 북대서양, 북아메리카
- **활동 시기**: 8~11세기
- **머리 보호구**: 강철 헬멧 (뿔은 없음)
- **몸통 보호구**: 가죽 또는 작은 쇠사슬을 엮어 만든 튜닉 (허리 밑까지 내려오는 웃옷)
- **무기**: 창, 도끼, 긴 칼과 단검
- **방패**: 나무나 금속으로 만든 작고 둥근 모양
- **군기(기강)**: 약함
- **주요 기록**: 911년에 프랑스 왕국에게서 루앙 지역을 빼앗아 '노르망디'로 명칭을 바꿈

중세 기사

- 종류 : 귀족 전사
- 활동 지역 : 유럽과 중동
- 활동 시기 : 11~15세기
- 머리 보호구 : 시기에 따라 다름. 그중 제일 유명한 것은 '대형 투구'로 머리를 완전히 가리는 형태
- 몸통 보호구 : 나중에는 금속판으로 만든 전신 갑옷을 쇠사슬 갑옷 위에 걸침
- 무기 : 길이 4미터의 랜스 (원뿔 모양의 긴 창), 무거운 칼, 도끼, 단검
- 방패 : 나무나 강철로 만든 여러 가지 형태
- 군기(기강) : 약함
- 주요 기록 : 1191년 이스라엘의 아르수프 전투에서 영국의 리처드 1세가 지휘한 기사단이 살라딘이 이끄는 이슬람군을 무찌름

아즈텍 전사

- 종류 : 전문적 지휘관이 이끄는 시민 군인
- 활동 지역 : 중앙아메리카
- 활동 시기 : 14~16세기
- 머리 보호구 : 누벼서 만든 면 투구로, 종종 화려하게 장식함
- 몸통 보호구 : 누벼서 만든 면 옷으로, 몸을 대부분 가림
- 무기 : 나무로 만든 긴 창과 곤봉, 활과 화살, 면도날처럼 날카롭게 간 돌로 만든 단검(옵시디언).
- 방패 : 나무로 만들고 깃털로 둘레를 장식
- 군기(기강) : 보통 수준
- 주요 기록 : 1428년, 멕시코의 고대 도시 국가 아스카포찰코를 상대로 승리를 거둠

사무라이

- 종류 : 귀족 군인
- 활동 지역 : 일본
- 활동 시기 : 12~19세기
- 머리 보호구 : 목까지 보호할 수 있도록 양쪽 옆면을 늘어뜨린 금속 투구. 간혹 마스크도 착용함
- 몸통 보호구 : 금속, 대나무, 누빈 천을 잘 조합해 몸 전체를 가림
- 무기 : 일본도(카타나 칼), 곤봉, 활, 창, 단검, 총
- 방패 : 나무와 금속으로 만든 둥근 모양
- 군기(기강) : 높은 수준
- 주요 기록 : 1592~1593년 조선을 침공(임진왜란)

줄루족 전사

- 종류 : 부족의 보병
- 활동 지역 : 남아프리카
- 활동 시기 : 18세기와 19세기
- 머리 보호구 : 동물의 가죽으로 만든 머리에 쓰는 관
- 몸통 보호구 : 없음
- 무기 : 던져서 공격하는 창('이시줄라'), 찔러서 공격하는 창('이클와'), 곤봉
- 방패 : 동물 가죽으로 만든 나뭇잎 모양
- 군기(기강) : 높음
- 주요 기록 : 1879년 아프리카의 이산들와나 평원에서 벌어진 전투에서 영국군을 물리침

암살당한 지도자들

우리 역사 속에는 느닷없이 때 이른 죽음을 맞이한 중요한 인물들이 많아요. '암살'은 특정 인물을 겨냥한 살인 행위로, 대개 정치적인 생각 차이가 그 원인이었답니다. 때로는 종교적 신념이나 군사적 문제, 혹은 돈벌이가 그 이유이기도 했고요.

프랑스의 왕 앙리 4세

신에 대한 광적인 믿음, 즉 광신은 어디까지 갈 수 있을지 아무도 몰라요. 프랑스인들에게 큰 사랑을 받았던 앙리 4세(1553~1610)가 1610년에 당했던 일에서 알 수 있듯이 말이에요. 태어날 때부터 가톨릭 신자였던 앙리 4세는 개신교로 종교를 바꿨어요. 그러고는 종교 때문에 갈라지고 상처받은 시민들을 달래기 위해 자신이 예전에 믿던 종교에 대한 신앙의 자유를 허용했지요. 왕의 이런 조치가 프랑수아 라바이약이라는 사람에게는 영 못마땅했던 모양이에요. 앙리 4세가 왕비의 대관식에 가던 도중 길이 막혀 마차가 서 있던 사이 가톨릭 광신도 라바이약에 의해 칼에 찔려 죽었거든요.

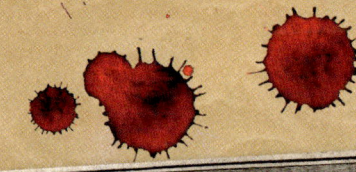

잉글랜드의 왕 윌리엄 2세

로마의 장군 율리우스 카이사르

위대한 장군이자 개혁가였던 율리우스 카이사르(기원전 100~기원전 44)는 기원전 44년 3월 15일, 원로원에서 칼에 찔려 갑작스러운 죽음을 맞이했어요. 암살의 이유가 무엇이었냐고요? 왕이 되고자 했던 카이사르에게서 로마 공화국을 지키기 위해서였답니다.

잉글랜드 왕국의 윌리엄 2세(1056~1100)는 그다지 인기 있는 왕은 아니었어요. 그래서인지 윌리엄 2세가 뉴포레스트로 사냥을 나갔다가 돌아오지 않자 이런저런 소문이 퍼지기 시작했어요. 다음 날 아침 그는 화살에 맞은 상태로 죽은 채 발견되었답니다. 그 즉시 동생인 헨리가 왕의 자리를 차지했어요. 윌리엄 2세의 죽음은 단순한 사고였을까요, 아니면 암살에 의한 것이었을까요?

러시아의 차르 알렉산드르 2세

개혁에 남다른 열정을 보였던 알렉산드르 2세(1818~1881)는 1861년에 농노를 해방시킨 것으로 특히 잘 알려져 있어요. 그런데 이런 개혁 조치들이 '인민의 의지'라는 극단적 테러 조직에게는 거슬렸던 모양이에요. 알렉산드르 2세는 마차를 타고 상트페테르부르크의 거리를 지나던 도중 이 조직이 일으킨 폭탄 테러로 사망하고 말았답니다. 이것이 진짜로 '인민의 의지'였는지 아닌지는 잘 모르겠지만 말이에요.

오스트리아-헝가리 제국 대공 프란츠 페르디난트

보스니아 사라예보에서 세르비아의 민족주의자 가브릴로 프린치프는 2발의 총탄을 쏘았고 이로써 제1차 세계 대전(1914~1918)이 시작되었답니다. 그의 총에 희생된 사람은 오스트리아-헝가리 제국의 왕자 프란츠 페르디난트 대공이었어요. 오스트리아는 즉시 세르비아를 공격했지요. 이에 러시아가 세르비아를 돕기 위해 동맹을 맺었고, 독일은 오스트리아와 동맹을 맺었어요. 러시아의 동맹국이었던 프랑스가 그 다음으로 뛰어들었고…… 몇 주 만에 유럽 전체가, 그리고 더 나아가 전 세계가 전쟁에 휘말리게 되었답니다.

총에 맞기 몇 분 전 케네디의 모습이에요.

미국의 대통령 존 F. 케네디

케네디 대통령이 텍사스주 댈러스에서 차에 올라 있던 오후 12시 30분 정각, 4발의 총소리가 울렸어요. 케네디 대통령은 몸과 머리에 총을 맞고 얼마 못 가 숨지고 말았답니다. 용의자인 리 하비 오즈월드는 붙잡혔지만 재판에 넘겨지기 전에 총을 맞고 죽었어요. 정확히 누가, 왜 케네디 대통령을 죽인 걸까요?

이스라엘의 총리 이츠하크 라빈

이스라엘과 이웃 아랍 국가들은 오랫동안 서로 사이가 좋지 않았어요. 그래서 1993년에 이스라엘의 이츠하크 라빈(1922~1995) 총리가 팔레스타인해방기구의 아라파트 의장과 오슬로 협정을 맺자 노벨 평화상이 수여되기도 했었지요. 오슬로 협정은 팔레스타인과 이스라엘이 평화적으로 함께하는 방법을 모색한 합의로, 팔레스타인 임시 자치정부가 출범하는 계기가 되었답니다. 그로부터 2년 뒤 라빈 총리는 이 협정에 반대하는 이스라엘의 이갈 아미르에게 암살당하고 말았어요.

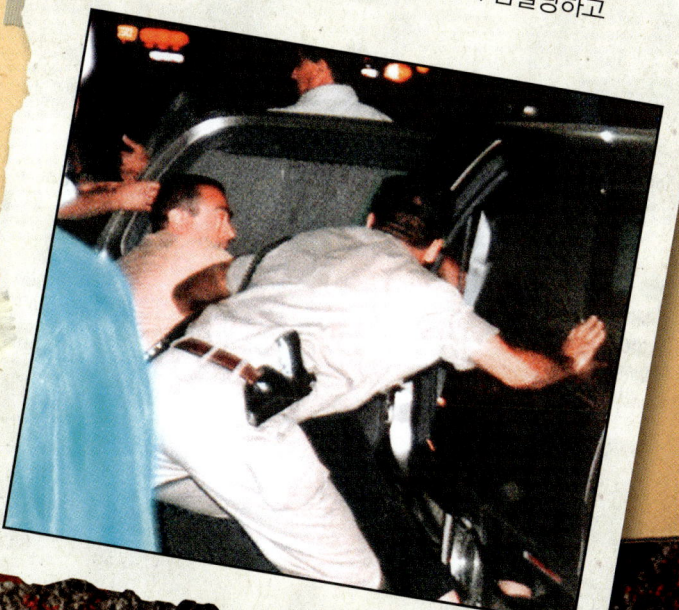

텔아비브에서 열린 평화를 지지하는 집회에서 라빈이 연설을 마치고 나오다 총에 맞았어요. 당시 경호원들이 라빈을 차 안으로 급히 피신시키는 모습이에요.

전염병이 휩쓸고 가면

그것은 동쪽에서 시작되어 마치 죽음의 파도처럼 유럽 전체를 휩쓸었어요. 단 4년 만에(1347~1351) 유럽 대륙 인구의 절반이 사라져 버렸지요. '대역병' 또는 '흑사병'이라고도 알려진 페스트에 대한 면역력은 아무에게도 없었어요. 부자와 가난한 자, 남자와 여자 할 것 없이 매한가지였지요. 페스트가 지나간 이후 인구수는 놀랍도록 빠르게 이전 수준을 회복했지만, 유럽 대륙은 이전과 같은 상태로 결코 되돌아갈 수 없었을 거예요.

퍼지는 죽음

지중해 동부에서 배를 타고 넘어온 쥐로 인해 유럽에 처음 퍼진 흑사병은 400년 넘게 유럽을 휘젓고 다녔답니다. 이 병에 걸리면 고름이 흐르고, 겨드랑이와 목, 사타구니가 검은색으로 부풀어 올랐는데, 이런 눈에 띄는 증상 때문에 '흑사병'이라는 이름이 붙은 거예요. 흑사병에 걸리면 살아남을 확률이 다섯 명 중 한 명꼴이었어요. 대부분은 일주일 안에 목숨을 잃었답니다.

더러운 쥐

대부분의 과학자들은 검은 쥐에 기생해 살던 벼룩이 전염병을 퍼뜨렸다고 생각해요. 당시는 기본적인 위생 개념이 거의 없던 시대이다 보니 침구와 옷에 쥐벼룩이 많았고, 쥐벼룩에게 한 번만 물려도 감염이 될 수 있으니 말이에요. 하지만 현대 의학에서는 당시 질병의 진짜 원인이 페스트균 때문이었다는 의견을 내놓고 있답니다.

▼ 이 그림은 거리에서 죽어나가는 사람들의 모습을 보여 주고 있어요. 병에 걸린 시체들이 산더미를 이루고 있지요.

의사 선생님, 의사 선생님!

당시 몇몇 의사들은 눈만 마주쳐도 흑사병이 전염될 수 있다고 믿었어요. 그러다 보니 아주 이상한 '치료법'들도 있었답니다.
그중에는 에메랄드나 진주, 금을 꿀꺽 삼키거나 부어오른 곳에 사람들 똥을 말려서 올려 두거나 사과 시럽과 레몬, 장미수, 페퍼민트를 섞어서 마시는 방법 등이 있었지요.

▶ 의사들은 '전염병 방지복'을 입었어요. 새의 '부리' 모양으로 된 부분은 '방독면' 같은 구실을 했지요. 환자를 치료하는 동안 혹시나 전염병을 옮길 수도 있는 공기를 마시지 않도록 말이에요.

중세의 흑사병 치료법 중에는 자신의 오줌을 받아서 하루에 두 번씩 마시는 것도 있었어요.

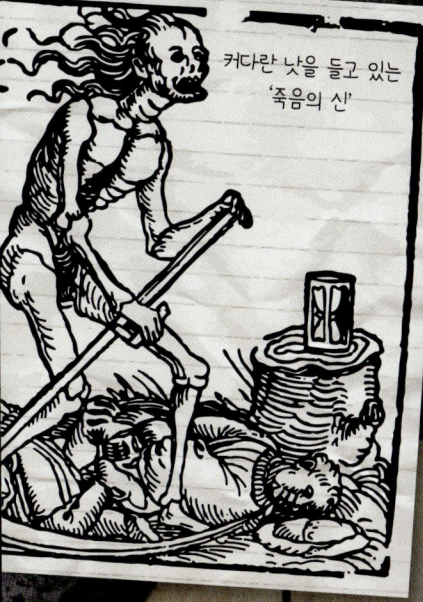
커다란 낫을 들고 있는 '죽음의 신'

잉글랜드의 왕 에드워드 3세의 딸이었던 조안 공주는 15세에 스페인 왕자와 결혼식을 치르러 가던 도중 흑사병으로 목숨을 잃었답니다.

커다란 무덤

전염병으로 목숨을 잃은 사람들의 시체는 최대한 빨리 처리해야 했어요. 그러지 않으면 시체가 썩으면서 병이 더 많이 퍼질 수 있었기 때문이에요. 너무 많은 사람들이 죽어 나가는 통에 한 명 한 명 장례식을 치를 수도 없었어요. 시체들을 모아서 수레에 싣고 가 커다란 무덤 속에 몽땅 밀어 넣을 수밖에 없었답니다.

▶ 죽은 사람 수백 명을 한꺼번에 구덩이에 넣고 묻었어요.

하늘나라의 심판

종교의 힘이 막강했던 당시, 전염병은 못된 세상에 벌을 내리는 '신의 심판'이라고 여겨졌어요. 그래서 예방과 치료법도 과학에 바탕을 두기보다는 기도, 고백, 속죄와 같은 방식이었지요.

▼ 1987년, 영국 런던탑 근처에 있는 흑사병 무덤에서 1000구가 넘는 시체가 발견되었어요.

옛날 사람들은 '채찍질 형벌(채찍으로 몸을 때리는 벌)'로 전염병을 몰고 온 죄의 값을 치를 수 있다고 믿었어요.

그리고 또, 그리고 또

거대한 무덤들을 파헤쳐 보면 당시 흑사병이 얼마나 끔찍했는지 잘 알 수 있답니다. 현대에 들어서도 이 무서운 전염병이 이따금 발생하곤 했어요. 가장 최근에는 1994년에 인도의 수랏이라는 지역에서 페스트균 전염병이 돌았답니다.

끔찍한 희생

먼 옛날 신들은 너무 잔혹했어요. 변덕스럽고 원하는 것도 많았지요. 이런 신을 달래기 위해서는 희생이 필요했어요. 바로 사람의 목숨이었지요. 지금의 멕시코 남쪽에 있었던 아즈텍 제국은 신에게 제물을 바치는 방식이 특히 더 끔찍했답니다.

▲ 아즈텍의 사제가 전쟁 포로의 펄떡이는 심장을 꺼내 태양신을 향해 들어 올리고 있어요.

불타는 바구니

북유럽 정복을 위해 원정길에 나섰던 로마의 율리우스 카이사르는 켈트족이 믿는 '드루이드'라는 종교의 제물 의식을 목격하고, 드루이드교에서 신에게 어떤 식으로 사람을 제물로 바치는지 설명했다고 해요. 카이사르에 따르면 고리버들(버드나뭇과 낙엽 관목)로 만든 거대한 틀에 사람을 가두고 불을 붙인다는 것이었지요.

▶ 카이사르의 설명에 의하면, 범죄자는 물론 죄가 없는 사람들까지도 고리버들로 만든 커다란 틀에 넣어 제물로 바쳤다고 해요.

제물로 바친 심장

아즈텍 사람들은 전쟁과 태양의 신 '우이칠로포치틀리'가 어둠 속에서 계속 전쟁을 하려면 규칙적으로 피를 바쳐야 한다고 믿었어요. 그래서 축제의 날에 전쟁 포로들을 아즈텍 제국의 수도 테노치티틀란에 있는 피라미드 사원 꼭대기의 제단으로 끌고 갔어요. 그리고 제단에서 희생자의 심장을 칼로 도려내는 끔찍한 의식을 치렀답니다.

▼ 사티는 고대 힌두교의 풍습으로, 남편의 장례식 때 살아 있는 아내도 함께 화장시키는 것이었어요.

죽은 남편을 따라서

옛날 힌두교에는 '사티'라는 의식이 있었답니다. 자신의 의지와 상관없이 죽은 남편을 따라 아내도 장례식 장작더미 위에서 함께 불타서 죽도록 하는 것이었지요. 이런 풍습이 생겨난 이유는 젊은 아내가 나이가 많거나 원치 않는 남편을 독살하는 일을 방지하기 위해서였다고 해요.

그리스 신화에는, 아테네 사람들이 '미노타우로스'라는 무시무시한 괴물에게 7년마다 14명의 아이를 먹잇감으로 바쳤다는 이야기가 나와요.

번개신을 기쁘게 하려면

중세 독일의 역사 기록가였던 '브레멘의 아담'에 따르면, 스웨덴의 웁살라에 있는 고대 신전에서 꽤 음침한 행사가 진행되는 모습을 직접 보았다고 해요. 번개의 신(토르)과 북유럽의 다른 신들을 위해 사람을 제물로 바치는 의식이었다고 해요.

▶ 북유럽 국가의 왕 도말드가 기근에 시달리는 국민을 위해 자기 자신을 제물로 바칠 준비를 하고 있어요.

◀ 일본의 가미카제(자살 공격) 비행기들이 미국 군함과 충돌하려는 시도를 하고 있어요.

신이 일으키는 바람

일본어로 가미(神)는 신, 카제(風)는 바람이라는 의미로, 가미카제는 '신이 일으키는 바람'이라는 뜻이에요. 원래는 13세기 말 일본을 침략하던 중국의 군대를 박살 낸 태풍을 가리키는 말이었지요. 제2차 세계 대전 때는 미국 군함에 일부러 충돌하는 식으로 자살 공격을 가하는 일본의 비행기 조종사들을 일컬어 가미카제라고 불렀어요. 약 2800번의 가미카제 공격으로 수백 척의 미국 군함이 바닷속으로 가라앉거나 부서졌답니다.

멋지게 보일 수만 있다면

우리 조상들은 10만 년도 더 지난 머나먼 과거부터 옷을 입기 시작했고, 곧이어 멋지게 꾸미고 싶어 했어요. 대부분의 옷은 입은 사람의 개성을 잘 드러내고 꽤 매력적이었지요. 하지만 패션에 대한 관심이 도를 넘어 집착으로 나아간 나머지 괴상망측해 보이는 것들도 있었답니다. 예를 들어 여자들은 머리 위에 높이 30센티미터의 장식을 얹고 다니기도 했어요. 심지어 잔인하기까지 한 경우도 있었는데, 일례로 한때 중국에서는 어린 여자아이들의 발이 자라지 못하게 천으로 꽁꽁 싸매서 아주 작은 신발에도 들어갈 수 있도록 하는 '전족'이라는 풍습이 유행했어요.

◀▼ 토가는 옷인 동시에 시민권을 나타내는 표시이기도 했어요.

로마의 예복

고대 로마의 겉옷인 '토가'는 좋은 양털로 만든 긴 예복으로, 길이가 6미터를 넘었답니다. 몸을 감싸고 한쪽 어깨에 두르는 식으로 입는 옷이었지요. 토가는 입은 사람의 신분을 나타내기도 해서, 법에 따라 로마의 남자 시민들만 입을 수 있었답니다.

◀ 16세기 남자들에게 맵시 있는 다리는 자랑거리였어요. 그래서 다리를 뽐낼 수 있는 옷을 입고 다녔답니다.

엘리자베스 1세 시대의 옷

영국의 유명 극작가 셰익스피어의 극단이 가지고 있던 가장 값비싼 물건은 옷들을 보관하는 옷장이었어요. 그도 그럴 것이, 그 시대에 신사처럼 제대로 차려입으려면 1년간 버는 돈보다 더 많은 돈이 들었거든요. 자수를 놓은 더블린(재킷), 떼었다 붙였다 할 수 있는 재킷 소매, 목 주변에 두르는 큼직한 칼라인 러프, 허벅지를 감싸는 풍성한 타이즈와 그 아래에 신는 비단 스타킹. 우아한 신발까지 신사 차림을 하려면 갖출 게 한두 가지가 아니었어요.

게이샤

◀ 게이샤는 지금도 파티나 모임 자리에서 활동을 계속하고 있어요.

일본에서는 18세기부터 잘 훈련된 게이샤들이 술자리를 함께하며 유흥을 북돋웠어요. 게이샤들은 얼굴에 하얀 분칠을 하고, 입술을 진홍색으로 물들이고, 머리를 꽃으로 장식하고, 일본의 전통 의상인 기모노 차림에 화려한 오비(허리띠)를 두르고, 나막신을 신고 멋진 춤과 노래로 손님들을 사로잡았답니다.

도가 지나친 상류사회 패션

18세기 말 유럽인들의 옷차림은 패션이 어디까지 갈 수 있는지 잘 보여 주는 대표적인 사례랍니다. 여성용 드레스는 잘록한 허리 아래로 풍선처럼 한껏 부풀린 치맛단과 볼록한 소매 끝을 주름으로 장식했고, 머리보다 몇 배나 큰 머리 장식은 마치 새가 온갖 희한한 것들을 그러모아 둥지를 튼 것처럼 보였답니다.

▶ 18세기의 의상은 앞쪽은 낮추고 머리 위로는 높이는 식이었어요.

▶ 뉴질랜드의 마오리족 전사들은 얼굴에 문신을 해서 거칠고 사나운 이미지를 연출했어요.

뼈로 새긴 문양

뉴질랜드의 원주민인 마오리족에게는 '타 모코'라는 오랜 전통이 있었어요. 타 모코란 몸에 구멍을 내고 천연 염색을 해서 지워지지 않는 무늬를 새기는 걸 말해요. 뼈로 만든 바늘로 몸에 무늬를 새겨 힘과 권위를 나타냈지요. 주로 얼굴과 허벅지, 엉덩이에 이런 무늬를 새겼답니다.

독수리 깃털의 위엄

아메리카 원주민 부족들은 전투가 벌어지면 상대편 전사들의 모습만 보고도 싸워야 할지 도망가야 할지를 금방 알 수 있었어요. 부족 전사들이 머리에 쓰는 전투모인 '워보닛'의 독수리 깃털은 특별히 용감한 행동을 했을 때에만 하나씩 달 수 있었거든요. 상대방의 워보닛에 깃털이 많이 달려 있다면? 냅다 도망가야죠!

◀ 아메리카 인디언 부족들 중 하나인 수(Sioux)족의 수장 '시팅 불'의 워보닛에는 등 뒤까지 줄줄이 이어지는 깃털이 잔뜩 달려 있었어요.

눈길을 사로잡는 뒷모습

19세기 말에 패션 디자이너들은 '버슬 드레스'라는 옷을 만들었어요. 이 드레스는 치마의 뒷부분을 크게 부풀려 엉덩이 쪽을 강조하는 스타일이라 철망의 도움을 받아야 했지요.

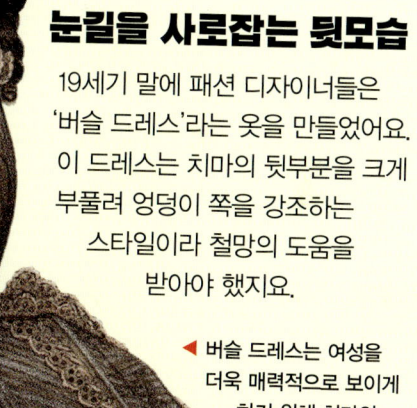

◀ 버슬 드레스는 여성을 더욱 매력적으로 보이게 하기 위해 치마의 뒷부분을 크게 부풀렸어요.

못 먹는 게 없어요

사람은 채식, 육식 가리지 않고 모두 먹는 잡식성이에요. 잉글랜드의 왕 제임스 1세가 다스리던 시기에 (1603~1625) 굶주린 병사들은 소의 먹이인 풀을 소와 나눠 먹었어요. 정반대의 경우로, 헨리 8세(1491~1547) 는 토끼고기, 사슴고기, 송아지고기, 닭고기, 자두, 석류 등을 푸짐하게 차려놓고 먹었답니다. 심지어 이는 계속 이어지는 코스 요리 중 겨우 첫 단계에 해당하는 음식이었어요.

1917년에 발생한 러시아 혁명에 뒤이어 내전이 계속되는 동안 굶주린 서민들이 사람고기를 파는 모습이 사진에 찍히기도 했어요.

식욕이 넘치는 로마인들은 더 많이 먹으려고 일부러 병에 걸리기도 했답니다.

손으로 집어서 입으로

대부분의 역사에서 사람들은 고기를 썰 때 나이프를 사용했고 국물을 떠먹을 때는 숟가락을 썼어요. 하지만 음식을 입으로 가져갈 때는 대체로 손가락을 사용했답니다. 손이 깨끗하다면 별문제 없겠지요······.

푸짐해도 너무 푸짐한

1900년에 프랑스 정부는 시장들을 위한 연회를 준비하면서 3600명의 요리사와 웨이터를 고용했다고 해요. 꿩고기만 해도 2톤이 넘게 쓰였고 와인은 5만 병이나 마셨다는데, 아무튼 꽤 거창한 연회였던 것 같아요. 맛있게 드세요!

작은 사치

고대 로마 사람들은 오전 중에 간식을 즐겼어요. 로마인들이 가장 좋아했던 간식은 '겨울잠쥐'라는 쥐처럼 생긴 동물을 바삭하게 요리한 것이었어요.

고기 대잔치

역사가들의 기록을 보면, 기원전 484년경 페르시아의 다리우스 왕이 특별한 연회를 위해 1000마리의 동물을 도살했다는 내용이 있어요. 낙타, 황소, 얼룩말, 타조 등의 고기가 차려졌다고 해요.

백조고기

17세기까지는 백조가 부자들 사이에서 인기 있는 식재료였어요. 백조고기를 오랫동안 구워서 소고기처럼 내놨답니다.

건배! 쨍? 퉁!

16세기 말 이전에 대부분의 유럽 사람들은 백랍(주석과 납의 합금)이나 도자기 또는 가죽으로 만든 잔에 술을 따라 마셨어요. 가죽으로 만든 잔의 경우, 액체가 새지 않도록 안쪽에 송진을 발라 틈을 메웠답니다.

아침부터 취했어요

중세에는 물과 우유로 인해 병이 옮는 경우가 흔했어요. 맥주나 와인을 사 먹을 만한 형편이 되는 사람들은 병을 피하고자 밤이든 낮이든 상관없이 술을 마셨어요.

죄와 벌

법률 체계에서는 저지른 죄에 걸맞게 처벌을 내려야 한다고 확실하게 밝히고 있어요. 하지만 양 한 마리를 훔친 데 대한 처벌로 교수형(목을 옭아매 죽이는 형벌)을 내리고, 빵 한 덩이를 훔쳤다고 뼈를 으스러뜨리는 등 지금은 그다지 큰 죄가 아니라고 보이는 일에도 옛날에는 굉장히 무거운 처벌을 내리는 경우가 있었답니다.

목을 쳐라!

제일 충격적인 처벌이 집행됐던 시기는 프랑스의 공포정치 시대(1793~1794)였어요. 프랑스 혁명을 이끌었던 막시밀리앙 로베스피에르는 '인민의 적'이라는 죄를 새롭게 만들어 사람들을 마구 사형에 처했어요. 이로 인해 수천 명의 사람들이 별다른 이유 없이 단두대에서 목이 잘렸답니다. 예를 들어 귀족들은 그저 귀족이라는 이유만으로 '인민의 적'에 해당했어요.

내쫓아 버려!

고대 아테네인들은 정치적 소란을 일으키는 사람들을 처리할 안전장치를 마련해 두었어요. 바로 '도편 추방제'라는 제도로, 시민들이 회의를 열어 깨진 도자기 조각인 '도편'에 나라에서 쫓아냈으면 하는 사람의 이름을 적어서 내는 거예요. 많은 사람들이 이름을 적어 낸 사람은 '도편 추방'이라는, 10년간 나라에서 추방되는 처벌을 받았답니다.

▼ 인기 없는 아테네 시민의 이름이 도자기 조각에 새겨 있어요.

▶ 18세기 말에는 '아이언 메이든'이라는 고문 도구가 있었어요. 여성의 모습을 한 고문 상자로, 안쪽에 못이 박혀 있었지요. 고문을 받는 사람은 이 상자에 갇혀 뾰족한 못에 몸을 찔렸답니다.

1793년 프랑스 왕 루이 16세의 왕비 마리 앙투아네트는 반역죄로 몰려 단두대에서 사형을 당하고 말았답니다.

고문 도구

고문은 정보를 캐내려는 수단으로 오랫동안 이용되어 왔는데, 대체로 잔인했어요. 고대 로마에서는 노예가 저지른 범죄에 합당한 처벌이란 아예 생각할 가치도 없었어요. 기독교가 지배하기 이전에 노예들은 아무리 사소한 범죄를 저질렀어도 묻고 따지고 할 것 없이 무조건 일단 고문을 받았어요. 노예들에게서 진실을 얻어 낼 수 있는 유일한 방법이 고문이라고 여겼기 때문이에요. 이후 영토를 크게 확장한 제국 시대에도 그 가혹성은 여전해서, 노예가 살인을 저지르면 그의 주인에게 속한 다른 모든 노예들까지 호된 처벌을 받는 일이 흔했답니다.

싹둑싹둑

영국 출신의 청교도 신자였던 윌리엄 프린(1600~1669)은 연극이 불법적이며 비도덕적이라고 믿었고, 1000쪽에 달하는 자신의 책 《히스트리오마스틱스(1632)》에서 이런 생각을 소상히 밝혔어요. 이 책이 나오고 얼마 안 되어 잉글랜드의 국왕 찰스 1세의 왕비인 앙리에트 마리가 법정을 소재로 한 연극의 무대에 오르게 되었어요. 그러다 보니 《히스트리오마스틱스》의 일부 내용이 왕비를 공격하는 것처럼 보였고, 프린은 기소되어 감옥에 갇혔으며 귀가 잘리는 형벌을 받았답니다.

프린은 나무 틀로 된 형틀을 쓰고 귀가 잘리는 형벌을 받았답니다.

고대 중국에서는 부모를 죽인 사람은 무조건 사형에 처해졌어요. 실수로 저지른 일이었다고 해도 봐주는 법이 없었지요. 하지만 아들을 때려서 죽인 아버지에게는 대개 벌금형만 내려졌답니다.

▼ 15세기부터 18세기까지 많은 여성들이 마녀라는 판결을 받고 화형에 처해졌어요.

▼ 중세 시대에는 나쁜 짓을 한 사람들의 목과 손을 두 개의 나무 널빤지(이것을 '필로리'라고 해요) 사이에 묶어 많은 사람들 앞에서 망신을 주었답니다.

▶ '고문 의자'에는 등받이, 앉는 곳, 팔걸이에 뾰족한 침이 촘촘히 박혀 있었어요. 이 침은 살을 뚫고 들어가서 서서히 피를 흘리게 만들어, 결국 죽음에 이르게 했지요.

마지막 마녀

1782년 스위스의 글라루스라는 마을에서 안나 꾈디라는 여성이 목이 잘리는 사형을 당했어요. 그녀가 모진 고문 끝에 검은 개의 모습을 한 악마를 보았다고 했고, 이 악마가 자기로 하여금 주인집 딸의 음식에 바늘을 넣도록 했다고 말했기 때문이에요. 꾈디는 유럽을 휩쓸던 마녀 사냥의 마지막 희생자였답니다.

살리거나 죽이거나

17세기 말 과학 혁명이 일어나기 전까지, 대부분의 치료법은 미신, 종교, 설화, 신화, 속임수, 추측에 바탕을 둔 것들이었어요. 살아 있는 두꺼비로 증상이 있는 부위를 문지르거나(전염병 치료를 위해), 벌레를 곱게 갈아 만든 차를 마시거나(광견병 치료를 위해), 상처에 학자의 배설물과 우유를 바르거나 하는 식이었지요. 과거 '치료법'이라고 하던 것들은 대부분 치료는커녕 해를 끼치기 십상이었고, 의사의 손길에서 벗어나 있는 사람들이 오히려 살아남을 확률이 높았답니다!

중세 시대의 의학은 우리 몸에 검은 쓸개즙, 노란 쓸개즙, 점액, 피, 이렇게 4가지 중요한 '체액'이 있다는 개념에 바탕을 두고 있었어요. 예를 들어 몸 안에 검은 쓸개즙이 너무 많으면 우울증을 일으키게 된다고 생각했지요.

'미친' 구경거리

현대에 들어서기 전까지는 정신 질환을 제대로 인식하거나 치료하지 못했어요. 19세기까지만 해도 런던에 있는 베슬럼 왕립 병원(한때 '난장판'이라는 뜻의 '베들럼'이라고 알려지기도 했어요)은 동전 하나만 내면 '미친' 환자들이 쇠사슬에 묶여 날뛰는 모습을 구경할 수 있는 곳이었답니다.

▶ 18세기 영국의 예술가인 윌리엄 호가스가 그린 〈난봉꾼의 행각〉이라는 이 그림은 잘 차려입은 여성들이 재미 삼아 베슬럼(런던의 정신 병원)을 방문한 장면을 묘사한 거예요.

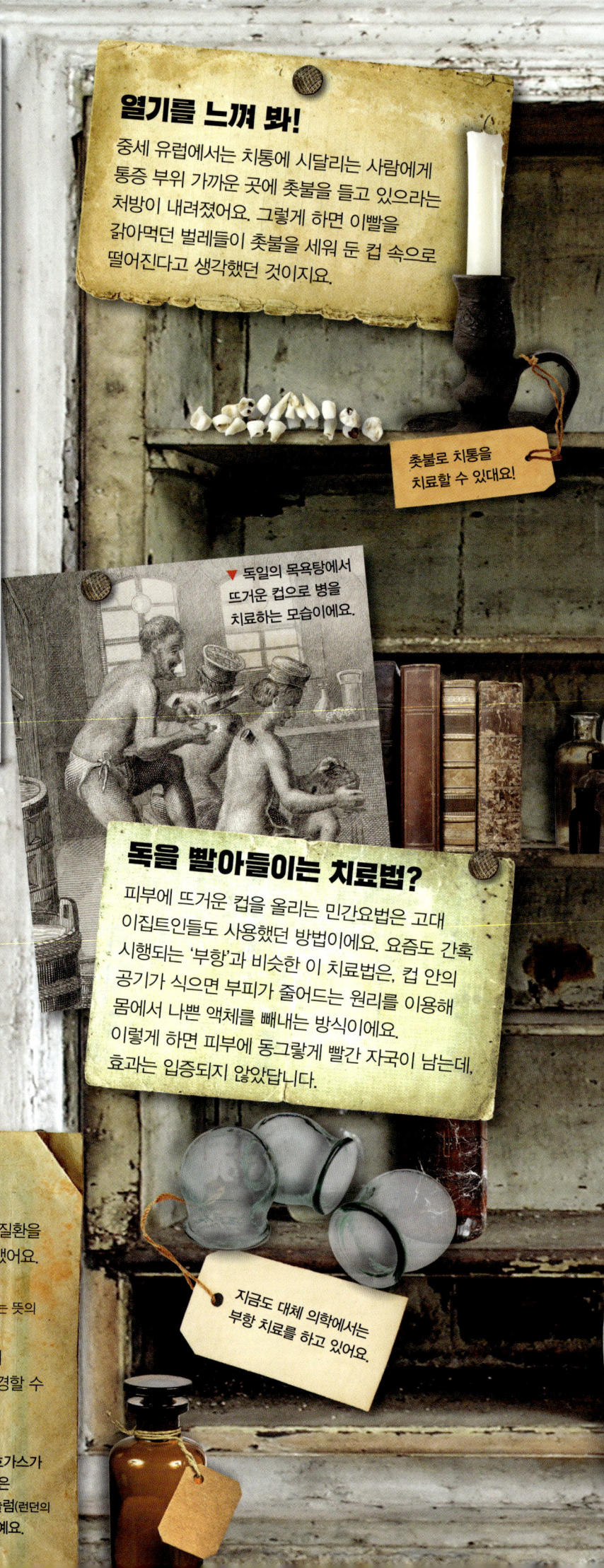

열기를 느껴 봐!

중세 유럽에서는 치통에 시달리는 사람에게 통증 부위 가까운 곳에 촛불을 들고 있으라는 처방이 내려졌어요. 그렇게 하면 이빨을 갉아먹던 벌레들이 촛불을 세워 둔 컵 속으로 떨어진다고 생각했던 것이지요.

촛불로 치통을 치료할 수 있다대요!

▶ 독일의 목욕탕에서 뜨거운 컵으로 병을 치료하는 모습이에요.

독을 빨아들이는 치료법?

피부에 뜨거운 컵을 올리는 민간요법은 고대 이집트인들도 사용했던 방법이에요. 요즘도 간혹 시행되는 '부항'과 비슷한 이 치료법은, 컵 안의 공기가 식으면 부피가 줄어드는 원리를 이용해 몸에서 나쁜 액체를 빼내는 방식이에요. 이렇게 하면 피부에 동그랗게 빨간 자국이 남는데, 효과는 입증되지 않았답니다.

지금도 대체 의학에서는 부항 치료를 하고 있어요.

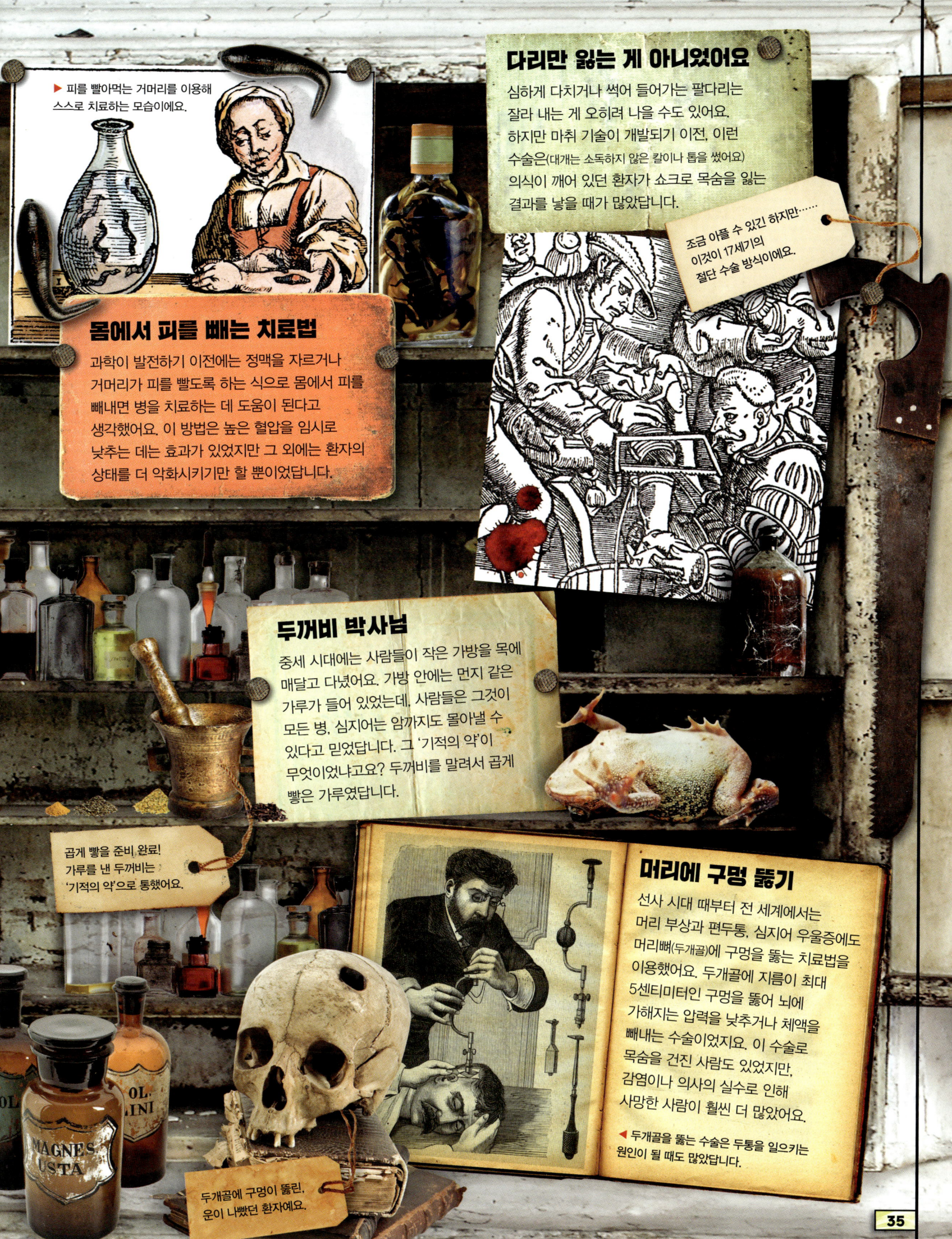

▶ 피를 빨아먹는 거머리를 이용해 스스로 치료하는 모습이에요.

몸에서 피를 빼는 치료법

과학이 발전하기 이전에는 정맥을 자르거나 거머리가 피를 빨도록 하는 식으로 몸에서 피를 빼내면 병을 치료하는 데 도움이 된다고 생각했어요. 이 방법은 높은 혈압을 임시로 낮추는 데는 효과가 있었지만 그 외에는 환자의 상태를 더 악화시키기만 할 뿐이었답니다.

다리만 잃는 게 아니었어요

심하게 다치거나 썩어 들어가는 팔다리는 잘라 내는 게 오히려 나을 수도 있어요. 하지만 마취 기술이 개발되기 이전, 이런 수술은(대개는 소독하지 않은 칼이나 톱을 썼어요) 의식이 깨어 있던 환자가 쇼크로 목숨을 잃는 결과를 낳을 때가 많았답니다.

조금 아플 수 있긴 하지만…… 이것이 17세기의 절단 수술 방식이에요.

두꺼비 박사님

중세 시대에는 사람들이 작은 가방을 목에 매달고 다녔어요. 가방 안에는 먼지 같은 가루가 들어 있었는데, 사람들은 그것이 모든 병, 심지어는 암까지도 몰아낼 수 있다고 믿었답니다. 그 '기적의 약'이 무엇이었냐고요? 두꺼비를 말려서 곱게 빻은 가루였답니다.

곱게 빻을 준비 완료! 가루를 낸 두꺼비는 '기적의 약'으로 통했어요.

머리에 구멍 뚫기

선사 시대 때부터 전 세계에서는 머리 부상과 편두통, 심지어 우울증에도 머리뼈(두개골)에 구멍을 뚫는 치료법을 이용했어요. 두개골에 지름이 최대 5센티미터인 구멍을 뚫어 뇌에 가해지는 압력을 낮추거나 체액을 빼내는 수술이었지요. 이 수술로 목숨을 건진 사람도 있었지만, 감염이나 의사의 실수로 인해 사망한 사람이 훨씬 더 많았어요.

▶ 두개골을 뚫는 수술은 두통을 일으키는 원인이 될 때도 많았답니다.

두개골에 구멍이 뚫린, 운이 나빴던 환자예요.

세상에는 언제나 부유한 사람들과 가난한 사람들이 있었어요. 그런데 18세기 중반 영국에서 시작된 산업 혁명이 유럽 대륙과 북아메리카를 휩쓸고 마침내 세계 전체로 퍼져 나가면서 부자와 가난한 사람 사이의 간격이 더 뚜렷하게 벌어졌어요. 도시로 몰려든 노동자들은 지저분한 임시 거처에서 생활을 꾸려 갔고, 아프리카에서 바다 건너 팔려 온 사람들은 돈도 받지 못하는 노예로 더 비참한 생활을 해야 했지요.
반면, 다른 한편에서는 공장과 광산을 소유한 사람들과 은행가, 선박 주인, 건축가들이 상상을 훌쩍 뛰어넘는 부를 쌓아 가고 있었답니다.

온 가족이 한 방에
20세기 이전까지 유럽의 노동자 가족들은 흔히 단칸방에서 생활했어요. 빠르게 성장하는 공업 도시들에서는 상황이 특히 더 나빴답니다.

▲ 대가족이 방 한 칸에서 먹고 자고 생활하는 일이 흔했어요.

가난한 사람들과 부자들

부유한 왕의 가문
영국의 전성기를 이끌었던 빅토리아 여왕은 단지 여왕이라는 이유만으로 영국 정부로부터 매년 38만 5000파운드를 받았어요. 현재 가치로 따지면 2100만 파운드(2023년 기준 한화로 약 345억 3000만 원) 또는 3400만 달러와 맞먹는 액수였지요. 1901년 여왕이 사망했을 때 남아 있던 재산은 200만 파운드가 넘었답니다(현재 가치로 약 2400만 파운드 또는 5000만 달러).

영국의 정치가이자 두 번이나 수상을 지낸(15대, 20대) 포틀랜드의 공작 윌리엄 캐번디시는 2.4킬로미터 길이의 지하 터널을 뚫어 남의 눈에 띄지 않고 집에서 일터에 있는 기차역까지 이동할 수 있었답니다.

돈을 펑펑 쓰는 모습이에요. 빅토리아 여왕의 대관식(1838)에는 7만 파운드의 비용이 들었답니다.

아주 가난한 사람들의 궁전

너무 가난해서 먹고사는 것조차 힘들다면? '구빈원'으로 가세요! 구빈원은 가난한 사람들과 그 아이들을 수용해 힘겨운 노동을 시키는 대가로 어설픈 보금자리와 먹을 것을 주는 기관이었어요. 이곳은 마치 감옥처럼 규칙과 처벌이 엄격했고, 공짜 밥을 먹으려는 사람들이 몰려들지 않도록 일부러 열악한 상태를 유지했답니다.

▼ 극빈자들이 변변치 않은 밥을 먹기 위해 영국 런던의 말리본 지역에 위치한 구빈원에 모여 앉아 있어요.

▶ 공장 노동자들은 줄지어 늘어선 작은 집에서 살았어요. 집에는 화장실이나 수도 시설이 없었답니다. 공기도 더러웠고 근처 공장들에서 나오는 매연으로 가득했어요.

더러운 일터

산업 혁명 기간에 많은 공장들이 세워졌고, 어른이든 아이든 공장에서 일하는 사람들은 좋지 않은 환경에서 오랜 시간 일을 해야 했어요. 1850년까지 이런 공업화에서 나오는 부를 누린 사람은 오로지 공장 주인들뿐이었답니다. 노동자들은 도시의 공장 주변에 마구 생겨난 '슬럼'이라는 구역에서 살았는데, 이곳은 지저분하고 사람들로 붐비고 늘 분주했어요.

눈부신 볼거리

1849년에 대영 제국 빅토리아 여왕의 남편인 앨버트 공은 런던에서 세계 박람회를 열 계획을 세웠어요. 1851년 5월 1일. 드디어 박람회가 열렸고, 박람회용으로 새로 지은 '수정궁'에는 1만 4000명이 넘는 참가자들이 몰려들어 자기가 만든 물건을 수많은 사람들에게 선보였어요. 박람회 기간 동안 영국 전체 인구의 4분의 1이나 되는 사람들이 이곳을 찾았답니다.

런던의 수정궁(1851)은 영국의 일부 사람들에게 엄청난 부를 안겨 준 산업 혁명의 상징과도 같은 건물이었답니다.

전쟁과 평화

잉글랜드의 시인 알렉산더 포프가 자신의 시에서 말한 것처럼, "사람은 이 세상의 영광이자 웃음거리이고 수수께끼"랍니다. 그리고 전쟁과 평화만큼 이 표현에 딱 들어맞는 일도 없는 것 같아요. 제1차 세계 대전(1914~1918)이 끝나자 유럽 각지에서는 평화를 기원하며 기념물들을 세웠답니다. 하지만 고작 20년 만에 유럽 대륙은 또 다른 전쟁으로 인해 갈가리 찢어지고 말았어요. 역사 속에서 큰 존경을 받았던 인물들은 대부분 평화를 지키기 위해 앞장섰어요. 그런데 전쟁 리더들의 영웅다운(때로는 잔인한) 활약상도 꽤나 흥미롭답니다.

평화의 왕

고대 인도 마우리아 제국의 아소카 대왕(기원전 304~기원전 232)은 남동부에 위치한 칼링가 왕국을 정복하기 위한 '칼링가 전투(기원전 265 추정)'에서 수십만 명이 죽어 나가는 참혹한 모습을 보고 충격을 받았어요. 이후 불교를 믿기 시작했고, 역사상 가장 평화롭고 공정하며 관대한 통치의 시대를 열었답니다. 교육, 보건, 사법, 복지 등 왕국이 하는 모든 일에 아소카 대왕의 '비폭력'이라는 의지가 반영되었지요. 아소카 대왕이 죽은 뒤 사람들은 '황제의 황제'라는 뜻의 '삼라트 차크라바르틴'이라는 이름으로 그를 기렸답니다.

파괴의 이미지

미국 캘리포니아주에 있는 영화 산업의 중심지 '할리우드'는 여러 편의 영화를 통해 로마 제국이 마치 전쟁과 폭력을 일삼았던 것처럼 그려 왔지만, 이런 이미지는 좀 억울한 측면이 있어요. 200년이 넘는 동안(27~180) 로마 제국은 큰 전쟁을 거의 벌이지 않았고, 제국의 지배를 받던 지중해를 둘러싼 나라들에 법과 질서를 바탕으로 한 문명을 널리 퍼뜨렸거든요.

▼ 영화 <글래디에이터(2000)>를 비롯한 로마 제국을 다룬 영화들은 로마 제국에 대한 많은 사람들의 생각에 큰 영향을 끼쳤어요. 그런데 이런 영화들은 로마 제국이 시행한 법과 질서보다는 폭력성을 더 강조하고 있어요.

땅따먹기

1066년, 노르망디 공국의 윌리엄은 잉글랜드의 왕관을 강제로 차지했어요. 이때부터 시작된 유럽 국가들의 충돌은 1558년 잉글랜드가 유럽 대륙에서 확보하고 있던 마지막 땅인 칼레를 프랑스 왕국에 빼앗기고 나서야 끝이 났답니다. 옥신각신하며 시끄러웠던 당시의 상황은 한 마디로 말해 왕들끼리의 다툼이었다고 할 수 있어요. 도덕적으로 옳고 그르냐의 문제가 아니라 무력으로 영토를 넓히고 싶어 했던 왕들이 전쟁을 일으켰던 것이지요. 왕들 사이의 이런 무의미한 충돌은 '백 년 전쟁'(1337년부터 1453년까지 116년이나 계속됐어요) 때 절정을 이뤘답니다.

▶ 1367년에 스페인의 나헤라에서 프랑스, 스페인, 영국의 군대가 전투를 벌이는 장면이에요.

해골 쌓아올리기

중앙아시아를 정복한 티무르(1336~1405)는 특히 잔인하기로 유명했어요. 페르시아와 카스피해를 아우르는 제국을 세우는 동안, 티무르의 군대는 단 하루 동안에만 죄 없는 시민을 10만 명 넘게 죽였답니다. 누군가가 남긴 기록에 따르면, 티무르는 재미 삼아 대포에 사람의 머리를 넣어 쏘기도 했고, 자기가 죽인 사람들의 머리뼈로 아주 큰 피라미드를 만들기도 했다고 해요.

▶ 무자비한 정복자였던 티무르는 '아미르 티무르' 또는 (실제와 거리가 먼 것 같기는 하지만) '위대한 티무르'라고 불리기도 했어요.

무기의 끝판왕

1945년 8월 6일, 일본 히로시마에 '리틀 보이'라는 별명의 원자 폭탄이 떨어졌어요. 이 일을 계기로 인류는 우리가 스스로는 물론 지구 전체를 파괴할 수도 있다는 것을 깨달았답니다. 미국의 해리 S. 트루먼 대통령은 원자 폭탄을 실제로 사용하기 전까지 오랫동안 깊은 고민을 했어요. 그러다 결국, 폭탄을 터뜨리는 것이 장기적으로 더 많은 사람을 살리는 길이라는 결정을 내리게 되었지요. 그 결정이 어떤 결과를 가져왔는지 우리는 지금 아주 잘 알고 있어요.

▶ 1945년 히로시마에 닥친 엄청난 재앙은 인류에게 무서운 경고를 날렸답니다.

엉터리 법

미국의 소설가 찰스 디킨스의 소설 《올리버 트위스트》에서 구빈원의 관리자로 나오는 미스터 범블은 "법은 멍청하다!"라고 소리쳤어요. 당시 상황에 비춰볼 때 크게 틀린 말은 아니었지요. 역사 속에는 실제로 엉터리 법이 많았고, 그저 잘못된 것들이 있었는가 하면 어떤 법들은 아주 끔찍하기까지 했답니다. 영국 법에는 의회에 갑옷을 입고 들어갈 수 없도록 한 조항이 있었는데, 1313년에는 통할 법한 것이었지만 시대 상황이 바뀐 2100년까지도 그 법은 남아 있었어요. 1908년에는 미국 오클라오마주에서 '아프리카 혈통의 사람'과 '그렇지 않은 사람' 사이에 결혼을 금지하는 법이 통과되기도 했답니다.

많이 먹으면 불법?

'비만'이라는 문제는 최근에 생겨난 것이라고 생각하기 쉽지만, 1336년 잉글랜드에서도 비만과 건강하지 못한 식습관을 방지하려는 법이 만들어진 적이 있어요. 이 법에 따르면 한 끼 식사에 두 가지 이상의 요리를 먹는 것은 불법이었답니다.

네덜란드의 화가 얀 반 데르 헤이든이 1563에 그린 〈부잣집 부엌〉이라는 작품이에요.

미친 택시

택시에 관한 법과 규제는 매우 구체적이랍니다. 영국 런던에서는 전염병에 걸린 사람이 택시를 잡는 것이 불법이에요. 그리고 택시에 시체나 광견병에 걸린 개를 싣는 것도 금지하고 있어요.

독신이냐 결혼이냐?

미국 플로리다주에서는 결혼하지 않은 여성이 일요일에 낙하산을 타면 감옥에 갈 수도 있어요. 미국 버몬트주에서는 아내가 틀니를 끼려면 남편에게 문서로 허락을 받아야 한답니다.

옷도 법에 따라 입어야 해요

법을 만드는 사람들은 사람들의 일상생활에도 간섭하려 들었는데, 특히 복장에 관해 까다롭게 굴었습니다. 16세기에 이탈리아의 수도 로마에서는 로우컷 드레스(목과 가슴의 윗부분을 드러내는 옷)를 입는 것이 불법이었어요. 1651년 미국 매사추세츠주는 200파운드보다 적은 재산을 가진 사람이 금이나 은으로 만든 단추, 레이스, 장신구들을 걸치는 것을 금지하는 법률을 제정했답니다.

누에고치를 지켜라

중국은 많은 이익을 가져다주는 비단 산업을 지키기 위해 수단과 방법을 가리지 않았어요. 비단을 만드는 과정에 대한 1급 비밀을 외부에 누출할 경우 무조건 처벌했지요. 누에나방 애벌레의 고치를 수확해 실로 만드는 방법을 다른 사람들에게 알려줄 경우 죽을 때까지 고문을 하도록 하는 법도 있었답니다.

황당한 법

1960년대에 미국 플로리다주의 의회는 이상한 법을 통과시켰답니다. 총을 가지고 다니는 것을 법으로 금지하면서, "단, 야생 동물이나 업무 중인 경찰관을 사냥하려는 목적일 때는 예외다"라는 황당한 문구를 넣은 거예요. 다행히 경찰관이 피해를 입는 불상사가 발생하기 전에 이 법은 수정되었다고 해요.

이름의 힘

프랑스의 황제 나폴레옹 1세(1769~1821)는 민주주의와는 거리가 먼 독재자였지만 프랑스인들은 그를 대단히 존경했답니다. 돼지에게 나폴레옹이라는 이름을 붙이는 것도 법으로 금지시킬 정도로 말이에요. 영국의 소설가 조지 오웰은 이 법에서 아이디어를 얻어 자신의 소설 《동물농장(1945)》에 나오는 폭군 돼지의 이름을 '나폴레옹'이라고 지었답니다.

▼ 남아프리카공화국의 한 열차에서 흑인 승객들이 엄지손가락을 치켜들고 있어요. 그 전에는 이 열차에 백인 승객만 탈 수 있었거든요.

인종 차별법

남아프리카공화국 정부는 1950년에 모든 사람을 인종에 따라 나누는 법을 만들면서 '집단지역법'이라는 것도 만들었습니다. 집단지역법은 각 인종마다 사는 지역을 정해 놓았는데, 이런 법을 만든 백인들이 물론 가장 좋은 지역에서 살 수 있었죠.

땅속에서 찾아낸 역사

옛날 옛적의 수수께끼 속으로 더 깊게 파고 들어가 볼까요? 고대의 유물부터 잃어버린 도시까지, 잊혔던 세상이 환하게 드러날 거예요.

우연한 발견	44
위대한 발견	46
웅장한 건축물	48
고대의 제국	50
암호를 풀어라	52
잿더미 속에서	54
잃어버린 도시	56
일상 속 물건들	58
죽음의 땅	60
영원히 남은 얼굴	62
역사학 실험실	64
보물찾기	66
전쟁 속으로	68
바닷속 깊은 곳에	70
하늘에서 땅으로	72
역사 다시 세우기	74
타임머신	76

◀ 2002년 중국 산둥성에서 흙으로 빚은 수백 개의 병사와 말, 마차 모형이 발견되었어요. 묻힐 당시에 이 병사들은 밝은색 물감이 칠해져 있었답니다.

우연한 발견

빛나는 얼굴

'크로스비 개럿' 헬멧은 2010년에 영국 잉글랜드 북서부의 컴브리아주에서 금속 탐지기를 이용해 찾아낸 거예요. 이것은 1세기에서 3세기 사이에 만들어졌답니다.
놋쇠로 된 이 투구는 당대의 기사들을 위한 것으로, 전쟁터에서는 별 쓸모가 없었을 것으로 보여요. 아마도 가사들이 훈련을 받거나 영광스러운 기념식장에서 쓰려고 만든 듯해요. 이 헬멧을 쓴 얼굴이 기념식장에서 마치 신처럼 얼굴에서 빛이 나는 것이었을 테니, 그 모습을 보는 사람들은 절로 경외감을 느꼈을 거예요.

뱅해튼의 배

2010년 미국 뉴욕시에서 9·11 테러로 무너진 세계무역센터를 새로 짓던 노동자들이 땅속에서 커다란 나무배의 잔해를 발견했어요. 배의 몸통 나무로 만든 배의 잔해로 조사를 해 본 결과 나무는 1770년대의 것으로 길이는 9.8미터였고, 유물 백여 명이 있었던 배였다고 추정해요. 저곳 독일 혁명이 있었던 그 지역에서 만든 돛단배로 발굴됐어요. 이 배는 그곳 바닷가에 오기까지 누군가 허드슨강이나 인근 바닷가를 오가며 끌다가 실어 날랐던 것으로 보여요.

앵글로색슨의 보물 창고

2009년에 한 금속 탐지기가 놀라운 것을 찾아냈어요. 바로 영국의 스태포드셔 보물 창고였답니다. 그곳에는 3500개가 넘는 금, 은, 보석들이 있었어요. 이 유물들의 역사는 7세기 혹은 8세기까지 거슬러 올라가요. 당시 잉글랜드 땅에는 앵글로색슨족이 건설한 머시아 왕국이 있었어요. 스태포드셔 보물 창고는 앵글로색슨족이 '머시아 왕국'의 장신구가 가장 많이 발견된 곳이랍니다. 금과 은으로 만든 장신구가 주를 이루고 있어요.

고대 유적지에서 발견된 유물들을 통해 고고학자들은 과거를 더 많이 밝혀낼 수 있어요. 기둥이 평범한 사람들도 과거의 과거와 마주치기도 한답니다. 농부가 돈이나 우연히 고대 이집트의 도자기를 발견할 수도 있고, 밭에서 고대 아메리카 원주민의 화살촉을 우연히 동굴을 탐험하다가 아메리카 원주민의 화살촉을 우연히 손에 넣게 될 수도 있지요. 옥도 금속 탐지기를 찾아낸 중의도치 않게 옛날 로마 시대의 은 무더기를 이용할 수도 있고요. 이런 유물 하나하나는 옛날 사람들이 어떻게 살았는지에 대해 더 많이 알 수 있게 해 준답니다.

성스러운 두루마리

1946년에서 1947년까지, 팔레스타인의 사해 근처에 살던 양치기 2명이 고대 동굴에서 중요한 두루마리를 찾아냈어요. 그리고 이 두루마리에서 1956년까지 972개의 글귀가 발견되었답니다. 이 문서들은 기원전 150년에서 기원후 70년 사이에 쓰인 것으로, 히브리어 성경의 일부가 포함돼 있었다니다. 종교와 종파에 관한 내용이 이 포함돼 있었답니다.

로마 시대의 돼지 저금통

2010년 영국 잉글랜드의 남서부 프룸이라는 도시에서 금속을 탐지하는 작업 중 도자기 항아리 하나가 발견되었답니다. 항아리 속에는 오래된 동전 5만 2503개가 들어 있었어요. 고대 로마 시대의 동전들로, 253~305년까지 역사를 가슴에 올리다는 것이었지요. 동전들 중 다수는 카라우시우스 시대의 것이었어요. 카라우시우스는 켈트족 출신의 로마 제국 군인으로, 286년에 로마 황제에게 독립을 선포하고 브리타니아 제국을 세운 인물이에요.

고대의 유적 찾기

박물관, 대학교, 역사학회에서는 땅을 파서 고대 유적을 찾아내는 '유적 발굴' 작업을 해요. 이 작업은 종종 몇 달 넘게 걸리기도 하지요. 발굴이 진행되는 동안 항아리 같은 유물이 훼손되지 않도록 고고학자들과 자원봉사자들은 특수한 도구를 사용한답니다.

위대한 발견

▶ 슐리만이 그리스 미케네에서 찾아낸 금으로 만든 가면이에요.

가장 대단한 고고학적 발견은 역사를 바꿔 놓을 수도 있어요. 어떤 탐험가들은 역대 최고로 기록될 굉장한 유적지를 찾기 위해 인생 대부분을 쏟아붓기도 한답니다. 엄청난 가치가 있는 유물들은 접근하기 까다로운 곳에 있거나, 크기가 엄청나거나, 믿을 수 없을 정도로 오래되었거나, 혹은 역사의 수수께끼를 시원하게 풀어 줄 수 있는 것일 수도 있거든요.

동상 옮기기

엄청난 유적지 발견! 현재 이라크 북부에 있는 님루드에서 고대 도시 칼후의 유적지를 찾아냈어요. 이곳에 기원전 883년부터 기원전 859년까지 아시리아 왕국을 다스렸던 아슈르나시르팔 2세의 크고 멋진 궁전이 있었답니다. 그 안에는 사자 동상과 사람의 머리를 한 날개 달린 황소의 커다란 동상이 있었어요. 악마로부터 왕을 지키기 위한 것들이었지요. 1847년에 고고학자 오스틴 헨리 레이어드(1817~1894)는 이 동상들을 영국 런던에 있는 대영 박물관으로 옮기기로 결정했답니다.

거대한 동상들은 각각 무게가 약 10톤에 달했어요. 티그리스강까지 동상을 옮기는 데만 300명이나 동원되었지요. 엄청난 작업이었답니다!

점토로 만든 군대와 함께 11개의 광대와 힘센 사람의 점토 모형도 찾아냈답니다.

▲ 높이 4미터에 이르는 날개 달린 황소 동상의 머리 부분에는 성스러운 머리 장식을 하고 턱수염을 기른 사람의 머리가 얹혀 있어요.

놀라운 예감

독일 출신의 하인리히 슐리만(1822~1890)은 그리스와 트로이의 역사에 푹 빠져 있었어요. 그는 고고학자로서는 아마추어였답니다. 유물 발굴 방식도 잘못되었고 유물의 연대 분석도 정확하지 않았어요. 하지만 운은 아주 좋았답니다. 슐리만은 튀르키예의 히살리크에 있는 고대 유적지를 찾아내 유물을 발굴했어요. 그 덕분에 사람들은 트로이 전쟁을 다룬 서사시 〈일리아드〉가 수천 년 전 실제로 있었던 일에 바탕한 작품이라는 것을 알게 되었답니다.

▶ 카터는 투탕카멘의 관과 함께 2000개의 보물도 찾아냈어요.

▶ 금으로 만든 휘황찬란한 이 가면은 투탕카멘 미라의 얼굴을 덮고 있었답니다.

반짝이는 금

고고학 역사에서 가장 유명한 발견은 1922년 11월 4일에 시작되었어요. 영국의 고고학자 하워드 카터(1874~1939)가 이집트 남부 '왕가의 계곡'에 있는 어떤 무덤의 정확한 위치를 찾아낸 거예요. 이 계곡은 이집트 왕들의 비밀 묘지였어요. 카터가 찾아낸 무덤은 고대 이집트의 젊은 파라오 투탕카멘(기원전 1341~기원전 1323 추정)의 무덤이었답니다.

◀ 1974년에 실물 크기의 병사 모형이 들어 있는 구덩이가 발견되었어요.

유령의 군대

기원전 246년에 중국 시안에서는 70만 명의 일꾼들이 엄청난 작업을 하고 있었답니다. 중국 최초의 황제 진시황의 무덤을 만들고 있었던 거예요. 그리고 저승에서 황제를 보호하고 무덤을 지킬 군대도 만들었어요. 점토로 빚어 구운 것들이었지요.

◀ 진시황의 무덤에는 모두 합쳐 8000개의 병사와 670개의 말, 130개의 전차 모형이 들어 있었답니다.

웅장한 건축물

역사가 이어지는 내내 사람들은 거대한 건물과 기념물, 동상 등을 세워 왔어요. 이런 것들을 만든 목적은 존경심이나 두려움, 신기함이나 즐거움을 자아내려는 것이었지요. 고고학자들에게 이것들은 과거의 사회 모습이 어떠했는지 알려 주는 좋은 자료랍니다.

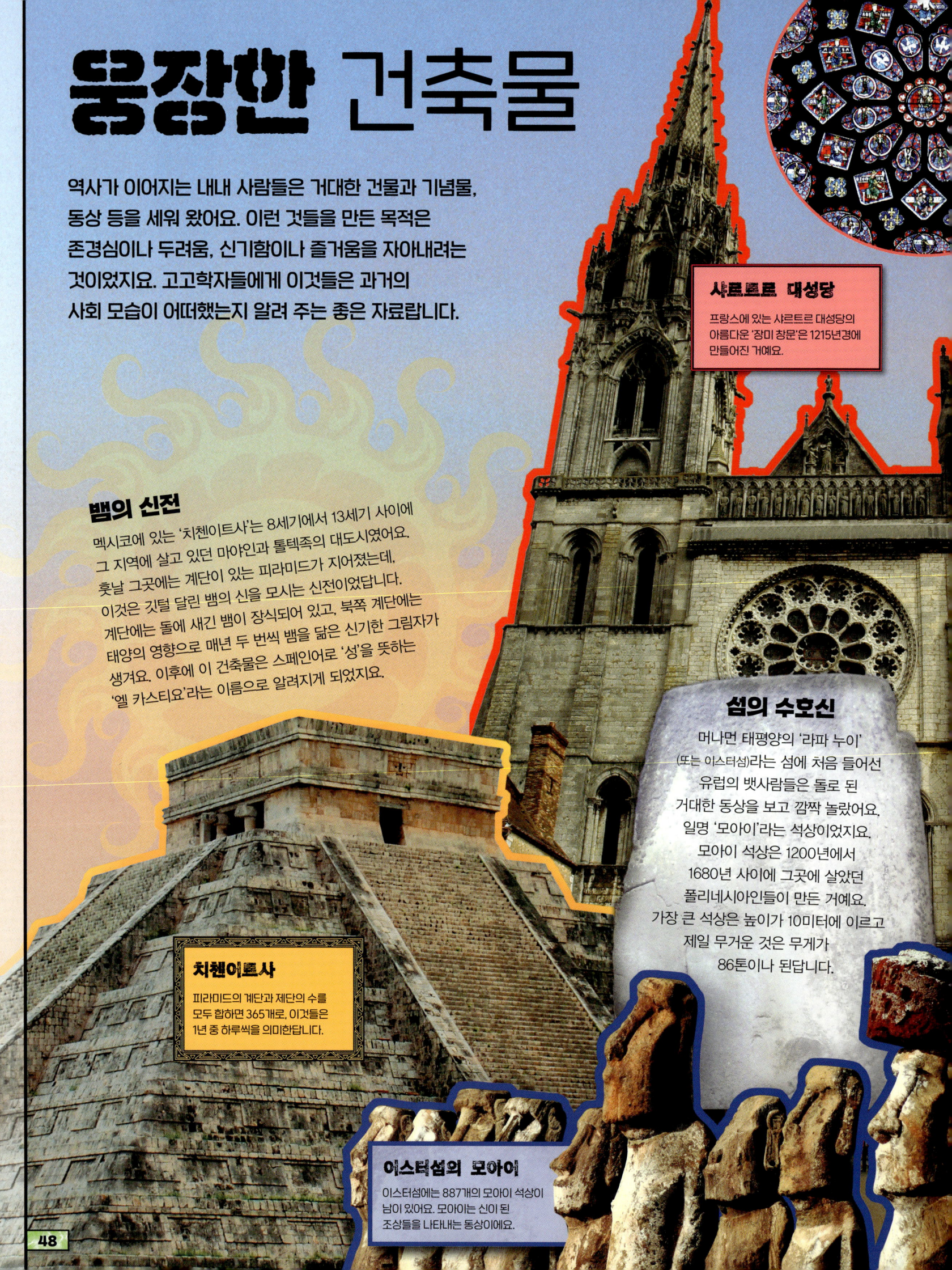

샤르트르 대성당
프랑스에 있는 샤르트르 대성당의 아름다운 '장미 창문'은 1215년경에 만들어진 거예요.

뱀의 신전
멕시코에 있는 '치첸이트사'는 8세기에서 13세기 사이에 그 지역에 살고 있던 마야인과 톨텍족의 대도시였어요. 훗날 그곳에는 계단이 있는 피라미드가 지어졌는데, 이것은 깃털 달린 뱀의 신을 모시는 신전이었답니다. 계단에는 돌에 새긴 뱀이 장식되어 있고, 북쪽 계단에는 태양의 영향으로 매년 두 번씩 뱀을 닮은 신기한 그림자가 생겨요. 이후에 이 건축물은 스페인어로 '성'을 뜻하는 '엘 카스티요'라는 이름으로 알려지게 되었지요.

섬의 수호신
머나먼 태평양의 '라파 누이'(또는 이스터섬)라는 섬에 처음 들어선 유럽의 뱃사람들은 돌로 된 거대한 동상을 보고 깜짝 놀랐어요. 일명 '모아이'라는 석상이었지요. 모아이 석상은 1200년에서 1680년 사이에 그곳에 살았던 폴리네시아인들이 만든 거예요. 가장 큰 석상은 높이가 10미터에 이르고 제일 무거운 것은 무게가 86톤이나 된답니다.

치첸이트사
피라미드의 계단과 제단의 수를 모두 합하면 365개로, 이것들은 1년 중 하루씩을 의미한답니다.

이스터섬의 모아이
이스터섬에는 887개의 모아이 석상이 남아 있어요. 모아이는 신이 된 조상들을 나타내는 동상이에요.

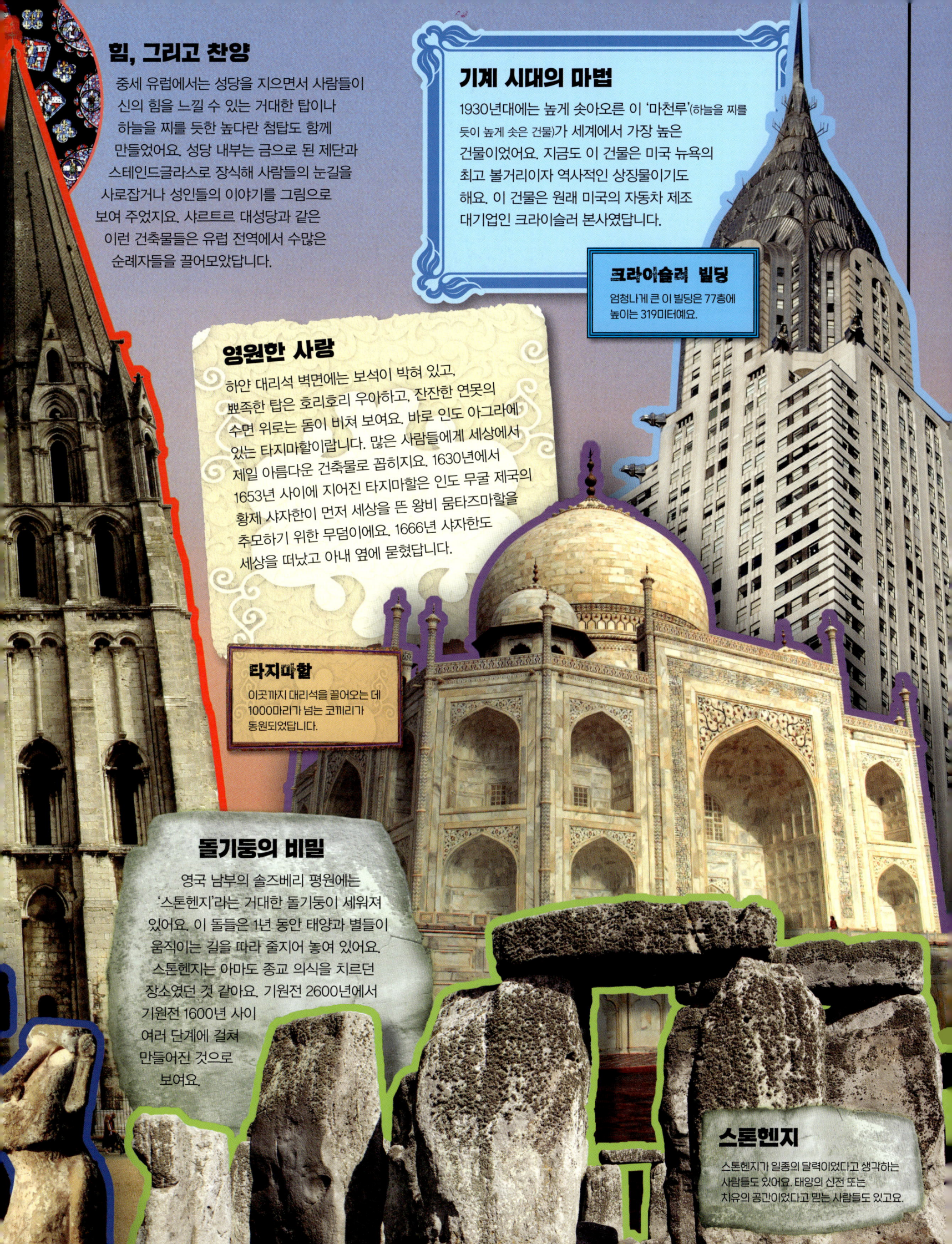

힘, 그리고 찬양

중세 유럽에서는 성당을 지으면서 사람들이 신의 힘을 느낄 수 있는 거대한 탑이나 하늘을 찌를 듯한 높다란 첨탑도 함께 만들었어요. 성당 내부는 금으로 된 제단과 스테인드글라스로 장식해 사람들의 눈길을 사로잡거나 성인들의 이야기를 그림으로 보여 주었지요. 샤르트르 대성당과 같은 이런 건축물들은 유럽 전역에서 수많은 순례자들을 끌어모았답니다.

기계 시대의 마법

1930년대에는 높게 솟아오른 이 '마천루'(하늘을 찌를 듯이 높게 솟은 건물)가 세계에서 가장 높은 건물이었어요. 지금도 이 건물은 미국 뉴욕의 최고 볼거리이자 역사적인 상징물이기도 해요. 이 건물은 원래 미국의 자동차 제조 대기업인 크라이슬러 본사였답니다.

크라이슬러 빌딩
엄청나게 큰 이 빌딩은 77층에 높이는 319미터예요.

영원한 사랑

하얀 대리석 벽면에는 보석이 박혀 있고, 뾰족한 탑은 호리호리 우아하고, 잔잔한 연못의 수면 위로는 돔이 비쳐 보여요. 바로 인도 아그라에 있는 타지마할이랍니다. 많은 사람들에게 세상에서 제일 아름다운 건축물로 꼽히지요. 1630년에서 1653년 사이에 지어진 타지마할은 인도 무굴 제국의 황제 샤자한이 먼저 세상을 뜬 왕비 뭄타즈마할을 추모하기 위한 무덤이에요. 1666년 샤자한도 세상을 떠났고 아내 옆에 묻혔답니다.

타지마할
이곳까지 대리석을 끌어오는 데 1000마리가 넘는 코끼리가 동원되었답니다.

돌기둥의 비밀

영국 남부의 솔즈베리 평원에는 '스톤헨지'라는 거대한 돌기둥이 세워져 있어요. 이 돌들은 1년 동안 태양과 별들이 움직이는 길을 따라 줄지어 놓아 있어요. 스톤헨지는 아마도 종교 의식을 치르던 장소였던 것 같아요. 기원전 2600년에서 기원전 1600년 사이 여러 단계에 걸쳐 만들어진 것으로 보여요.

스톤헨지
스톤헨지가 일종의 달력이었다고 생각하는 사람들도 있어요. 태양의 신전 또는 치유의 공간이었다고 믿는 사람들도 있고요.

고대의 제국

옛날의 거대 제국은 한때 굉장한 권력을 휘두르며 드넓은 지역을 지배하고 많은 재물을 쌓아 올렸어요. 그렇지만 세계 곳곳에 흩어져 있는 제국들의 흔적들에서 우리는 어떤 권력도 영원히 지속되지 않는다는 사실을 새삼 깨닫게 되지요. 결국 모든 제국은 무너지고 말았으니까요.

제국을 지켜라

권력은 적을 끌어들이게 마련이고, 그래서 제국들은 강력한 방어책이 필요했어요. 중국의 황제들은 북쪽에 살고 있는 부족들이 쳐들어올까 봐 늘 노심초사했답니다. 기원전 3세기에서 기원후 16세기 사이에 중국의 황제들은 세계에서 가장 긴 방어 시설을 만들었어요. 이른바 '만리장성'이지요. 만리장성은 동쪽과 서쪽을 오가는 교역과 소통의 수단이기도 했어요. 오늘날 만리장성은 굉장한 볼거리로 남아 있지만 1200년대에 몽골의 침략을 막아 내지는 못했답니다.

▲ 길이가 수만 킬로미터에 이르는 만리장성은 여전히 그대로 남아 있긴 하지만, 일부 구간은 현대에 들어 다시 건설한 거예요.

상아 여왕

거대 제국은 기막힌 예술 작품을 만든 경우가 많아요. 이 우아한 가면은 베닌 제국(지금의 나이지리아 삼림 지대을 통치했던 에시기에 황제의 어머니인 이디아 태후를 상징하는 거예요. 아프리카 대륙에는 여러 제국이 번성했지만, 이들은 1800년대와 1900년대 사이 유럽 제국들의 손아귀에 넘어가고 말았답니다.

◀ 상아(코끼리의 엄니)로 만든 이디아 태후의 이 가면은 현재 미국 뉴욕의 메트로폴리탄 미술관이 소장하고 있어요.

왕 중의 왕

중동의 이란 남서부에는 '페르세폴리스'의 잔해가 여전히 남아 있어요. 페르세폴리스는 기원전 522년부터 기원전 486년까지 페르시아 제국을 다스리던 다리우스 대왕 시절의 도시랍니다. 페르시아 제국은 전성기에 중앙아시아와 서아시아부터 유럽과 아프리카 북부까지 뻗어 나갔어요. 지금껏 세계 역사에서 가장 큰 제국이었고, 먼 옛날에 약 5000만 명이나 되는 사람을 통치했지요.

▶ 페르세폴리스에는 다리우스 대왕에게 바칠 선물을 들고 계단을 올라가는 사람들의 모습이 돌에 새겨져 있어요.

중국 명나라(1368~1644) 시대에는 만리장성을 따라 백만 명의 병사들이 배치되어 있었답니다.

태양의 제국

페루의 안데스산맥에 위치한 고산 도시 쿠스코에는 '인티라이미'라는 태양제(태양의 신을 기리는 제사)의 화려한 재현 행사를 보기 위해 많은 사람들이 모여들어요. '타완틴수유'라고 불렸던 잉카 제국은 1400년대와 1500년대 초 남아메리카의 바닷가와 산을 따라 3867킬로미터에 이르는 영토를 차지하고 있었답니다. '사파 잉카'라는 칭호로 불린 잉카 제국의 황제는 경외의 대상이었어요. 태양에서 내려온 신이라고 여겨졌거든요. 사파 잉카는 해마다 태양신에게 제물을 바쳤는데, 이 태양제는 매년 6월 24일 (남반구에서는 이때가 한겨울이에요)에 열렸답니다.

▶ 고대 잉카 제국의 태양제 재현 행사는 지금도 여전히 많은 사람들의 시선을 끌어모아요.

최초의 제국

제국들은 많은 땅을 정복해서 하나의 통치자 또는 정부 아래에 다스려요. 이를 위해서는 군사력뿐만 아니라 행정과 사법, 통신 체계도 갖춰야 하지요. 이런 능력을 처음으로 선보인 곳이 중동 지역이었어요. 세계 최초의 제국은 메소포타미아 지역의 '아카드' 도시의 지배를 받았어요. 이 제국은 기원전 2334년에 '샤룸 킨'('진정한 왕'이라는 뜻이에요)이라는 칭호의 '사르곤 1세'가 건설했고, 지중해에서 페르시아만까지 영토를 넓혀 나갔답니다. 하지만 기원전 2160년경 결국 멸망하고 말았지요.

◀ 이 청동 머리상은 사르곤 1세를 나타내는 것일 수도 있지만, 그의 손자인 나람신의 것일 가능성이 더 높아요. 나람신은 기원전 2218년에 사망했답니다.

암호를 풀어라

시간을 거슬러 올라가 역사를 둘러보려면 먼 옛날에 쓰던 말과 글자, 즉 언어를 알아야 할 때가 있답니다. 하지만 아주 오랫동안 사람들 사이에서 잊힌 언어들이 많아요. 그러다가 어느 날 바위, 무덤, 신전에 새겨진 이상한 기호들로 그 모습을 드러내곤 하지요. 언어를 전문적으로 연구하는 사람들만이 이런 수수께끼를 풀 수 있어요. 그 비밀을 푸는 데는 평생이 걸릴 수도 있지만 어떻게든 암호를 풀면 과거로 가는 문이 활짝 열린답니다.

로제타의 수수께끼

1799년, 이집트 나일강 하구의 로제타(아랍어로 '라시드')라는 한 마을에서 검은색 평평한 돌판 하나가 발견되었어요. 이 돌판에는 3개의 언어로 글이 새겨져 있었는데, 기원전 196년에 한 통치자의 시대가 열렸음을 알리는 기록이었어요. 1842년에야 비로소 로제타에서 찾은 돌(로제타석)에 적힌 모든 내용을 정확히 이해할 수 있게 되었답니다. 이 수수께끼를 푼 사람은 프랑스의 언어 천재이자 이집트 학자인 장프랑수아 샹폴리옹이에요. 샹폴리옹은 돌의 세 번째 부분에 적혀 있던 그리스 문자를 돌의 첫 부분에 새겨진 고대 이집트의 상형 문자와 일일이 맞춰 보는 식으로 작업을 시작했어요. 그리고 나서 이 문자가 나오는 횟수를 세서 다른 텍스트와 비교해 보았지요. 고대 이집트의 상형 문자 가운데 어떤 글자가 특히 자주 보인다면 이 글자는 분명 어떤 사물이나 생각은 물론 소리까지 나타내는 등 여러 기능을 했을 테니까요.

▶ 로제타 돌의 제일 윗부분에는 고대 이집트의 무덤과 동상에도 잔뜩 새겨져 있는 상형 문자가 적혀 있었어요. 하지만 역사학자들은 그 내용을 전혀 알 수 없었지요.

로제타 돌(로제타석)은 고대 이집트인들이 어떻게 살았는지에 관한 놀라운 사실, 그리고 어떻게 죽었는지에 관한 더욱더 놀라운 사실을 이해하는 데 도움이 되었답니다.

두 번째 부분에는 '민중 문자'라는 고대 이집트인들이 일상에서 흔히 쓰는 언어가 새겨져 있었어요.

세 번째 부분에는 고대 그리스어가 적혀 있었어요. 다행히 사람들은 이 언어를 알고 있었어요. 결국 이 세 번째 부분이 먼 옛날의 비밀을 푸는 하나의 열쇠가 되었답니다.

도와줘요, 헨리 경

1830년대와 1840년대에 영국의 아시리아 연구가 헨리 롤린슨(1810~1895)은 페르시아(지금의 이란)의 베히스툰산에 새겨져 있던 글자에 푹 빠져 지냈어요. 그곳에는 고대 페르시아어, 엘람어(티그리스강 동쪽, 페르시아만 북쪽에 살던 민족의 언어), 바빌로니아어, 이렇게 3가지 고대 언어의 글자가 적혀 있었지요. 이 언어들은 페르시아 제국의 다리우스 대왕(기원전 548~기원전 486) 시대까지 거슬러 올라가는 것들이었어요. 돌에 새겨진 글자들은 쐐기 모양으로 된 '설형 문자'였어요. 롤린슨과 다른 학자들은 그 내용이 소리를 표현한 것이라는 사실을 알아냈답니다. 학자들은 그 문자와 그것이 나오는 횟수를 비교해 나머지 두 개의 언어가 무엇을 뜻하는지도 밝혀냈지요.

▶ 롤린슨은 돌에 새겨진 글자들을 더 가까이 보기 위해 위험을 무릅쓰고 깎아지른 듯한 가파른 바위 절벽을 기어오르기도 했어요.

역사의 수수께끼

지금으로부터 4500년도 더 지난 오랜 옛날에 인더스 계곡(지금의 파키스탄)에는 훌륭한 문명들이 번성했어요. 거기에서 나온 수천 개의 유물들에는 글자 같은 기호들이 장식되어 있었는데, 그 기호가 무엇을 뜻하는지 아는 사람은 아무도 없답니다. 일반적으로 언어는 같은 글자가 되풀이되거나 기호를 조합하는 식으로 구성되는데, 인더스 계곡의 기호들은 그런 특징이 별로 보이지 않았거든요. 하지만 2009년에 컴퓨터를 이용해 분석해 본 결과 이 기호들이 실제로 고대의 문자라는 사실이 밝혀졌답니다.

▶ 인더스의 문자에는 약 417개의 기호들이 있었다고 해요.

> 2011년, 미국의 시카고대학교는 21권 분량의 아카드어 사전을 출판했어요. 이 사전에는 2만 8000개의 설형문자 단어가 수록되어 있지요. 이 사전을 펴내는 데 90년의 세월이 걸렸고 전문가 85명이 참여했답니다.

미래로 돌아가다

3000년도 더 지난 옛날에 중국의 점술가들은 동물의 뼈나 거북이 등껍질에 글자를 새겨서 불 속에 던져 넣었어요. 불의 열기에 의해 뼈가 깨지면서 금이 간 모습을 통해 미래를 볼 수 있다고 믿었거든요. 이것을 '갑골 문자'라고 하는데, '갑골'은 거북이의 등껍질과 동물의 뼈를 의미해요. 이 갑골 문자는 지금 중국에서 쓰는 한자의 조상뻘 되는 문자로, 당시의 통치자들에 관한 역사적 정보를 알려 주는 귀한 자료랍니다.

▶ 농부들이 몇천 년 전 땅에 묻혀 있던 뼛조각을 파냈을 때, 사람들은 이 뼈가 전설 속에 나오는 용의 뼈라고 생각했답니다.

비밀의 소용돌이

그리스 남부에 있는 크레타섬은 고대의 많은 비밀과 전설, 유물을 품고 있답니다. 찰흙으로 만든 이 원반은 크레타섬의 고대 도시 파이스토스 유적지에서 발견된 거예요. 만들어진 때는 기원전 1700년경으로 추정되지요. 원반 위에 소용돌이 모양으로 찍어져 있는 기호들은 여전히 수수께끼로 남아 있어요. 몇몇 전문가들은 이 기호들 중 일부가 '선형 문자 A'라고 알려진 '크레타 문자'와 비슷하다고 생각해요. 크레타 문자는 아직까지 풀지 못한 미지의 언어랍니다.

파이스토스 유적지에서 찾아낸 원반이 1908년에 만들어진 가짜라고 믿는 사람들도 있어요.

잿더미 속에서

고대 사람들은 화산 폭발을 신이 화가 난 것이라고 여겼지만, 그럼에도 화산 근처에 자리를 잡고 사는 사람들도 많았답니다. 화산 주변의 흙은 영양분이 많고 기름져서 식물이 잘 자라거든요. 화산 폭발의 위험을 받아들일 만큼의 가치가 있었던 셈이지요. 화산 폭발은 자연의 파괴력을 상징적으로 보여 주는 사건이지만, 때로는 사람과 건물들의 흔적을 잘 보존하는 기능을 하기도 한답니다. 이런 곳들은 먼 옛날의 어떤 한순간을 영원히 간직해 놓은 귀중한 타임캡슐이나 다름없어요.

엄청난 화산 폭발

기원전 1620년대쯤 그리스의 크레타섬 근처에 있는 티라섬('산토리니'라고도 해요)에서 역사상 가장 끔찍한 화산 폭발이 일어났어요. 이로 인해 바닷물이 육지를 뒤덮으면서 화산 폭발로 생긴 거대한 구멍이 물에 잠겼어요. 그나마 남아 있던 땅에 자리한 한 마을도 화산재 속에 묻히고 말았지요. '아크로티리'라는 이 유적지를 발굴하는 작업이 1967년에 시작되었어요. 발굴팀은 하수 시설과 가구, 도자기를 비롯해 청동기 시대의 '미노아' 양식으로 그려진 그림들을 찾아냈답니다.

화석이 된 발자국

아프리카 탄자니아의 라에톨리 지역에서 발견된 이 발자국들은 마치 어제 찍어 놓은 것처럼 선명합니다. 하지만 사실 이 발자국은 약 370만 년 전의 것으로, 인간이 오늘날의 모습으로 진화하기 훨씬 이전에 찍힌 거예요. 이 발자국의 주인은 '호미니드'예요. 호미니드는 우리의 머나먼 조상을 포함하는 생물 계통인 영장류 혹은 원시 인류를 말해요. 이 발자국은 고운 화산재 위에 찍혀 있다가 비에 젖은 뒤 단단하게 굳어서 화석이 된 상태로 돌 속에 고스란히 남게 된 것이랍니다.

▶ 먼 옛날에 찍힌 이 발자국들은 영국의 인류학자 메리 리키의 발굴팀에 있던 폴 아벨이 1978년에 찾아낸 거예요. 발자국을 남긴 원시 인류 '호미니드'는 똑바로 서서 두 발로 걸어 다녔을 뿐만 아니라 발의 모양도 지금의 우리와 아주 비슷했어요.

발자국의 길이는 18.5~21.5센티미터 정도예요.

◀ 아크로티리에서 찾아낸 유물들은 지금으로부터 3600년도 더 지난 과거에 고대 미노아인들이 어떻게 살았는지 알려 줘요.

▼ 석고를 이용해 폼페이에서 사람들이 죽어간 순간을 재현했어요.

석고 동상 만들기

이탈리아의 폼페이는 최대 7미터 높이로 쌓인 화산암과 화산재에 파묻혔어요. 사람들도 몸 전체가 화산재에 둘러싸여서 살은 썩어 나가고 그 흔적만 화산재에 남았답니다. 결국 뼈대만 남아 있었던 거예요. 고고학자들은 사람들의 흔적이 남아 있는 곳에 석고를 채워 넣었어요. 그렇게 해서 서기 79년 도시를 덮친 끔찍한 재앙의 날에 폼페이 사람들이 어떤 모습이었는지를 재현해 낼 수 있었지요.

순식간에 사라진 폼페이

도시 전체가 한순간에 사라져 버릴 수 있을까요? 서기 79년에 실제로 이런 일이 발생했답니다. 식탁 위에는 먹다 만 음식이 그대로 남아 있고, 개와 사람들은 끊임없이 쏟아져 내리는 화산재를 피해 몸을 잔뜩 웅크리고 있어요. 이렇게 도시가 화산재에 파묻히고 만 거예요. 폼페이 발굴팀은 시장과 신전, 거리, 상점, 주택, 정원, 극장, 목욕탕, 술집, 세탁소, 제과점 등을 찾아냈답니다.

▼ 폼페이의 한 오븐에서 찾아낸 새까맣게 타 버린 빵이에요.

▶ 이 사람 뼈대는 이탈리아 캄파니아 지방의 고대 도시 '헤르쿨라네움' 유적지에서 발굴한 거예요. 손가락에는 보석이 박힌 금반지가 그대로 끼워져 있어요.

헤르쿨라네움의 공포

'헤르쿨라네움'은 이탈리아의 작은 어촌이었어요. 베수비오산으로부터 겨우 7킬로미터 떨어져 있었지요. 서기 79년에 베수비오산의 화산이 폭발하면서 화산재와 용암을 쏟아 냈고, 펄펄 끓는 진흙 아래 15미터로 마을을 집어삼켜 버렸답니다. 이후 이 진흙은 굳어서 바위가 되었고요. 화산이 터지기 전 많은 사람들이 피신을 하긴 했지만, 300명 정도는 바닷가 보트 창고에 갇혀 탈출을 하려고 발버둥쳤어요. 1700년대부터 이곳을 발굴하기 시작해서 집과 공중목욕탕, 분수, 보석, 벽화 등을 찾아냈답니다.

잃어버린 도시

시드니, 라스베이거스, 토론토와 같은 대도시가 지도에서 완전히 사라져 버리는 모습을 상상할 수 있나요? 만일 그런 일이 생긴다면 먼 훗날 고고학자들의 눈에는 그곳이 어떻게 보일까요? 실제로 한때 번성했던 많은 도시들이 홍수, 지진, 전염병, 전쟁 등으로 망가져 버렸답니다. 때로는 기후 변화로 인해 기름진 땅이 사막으로 바뀌기도 했어요. 그 탓에 그곳에 살던 사람들이 먹고살 수 있는 식량을 더는 확보할 수 없게 되었지요.

▶ 열대 식물의 뿌리와 덩굴이 앙코르와트의 돌 조각품 일부를 가리고 있어요.

자연으로 돌아가다

멋진 건축물이나 도시가 자연으로 되돌아가는 데는 그리 오랜 시간이 걸리지 않아요. 비바람에 깎이거나 얼어서 갈라지거나 태양열에 달궈지기도 하니까요. 식물의 뿌리와 덩굴이 자라면서 건물과 도시를 뒤덮고 아예 감춰 버리기도 해요. 동남아시아 인도차이나반도에 위치한 캄보디아에는 1100년대에서 1400년대에 건설된 거대한 도시 '앙코르 톰'의 유적지와 '앙코르와트'라는 멋진 사원이 있어요. 이것들도 계속해서 치우고 관리하지 않았다면 열대 식물들이 삼켜 버리고 말았을 거예요.

▶ 1400년경에 건설된 도시 마추픽추는 1532년 스페인의 침입 이후 폐허가 되었어요.

잉카 문명의 흔적을 찾아서

남아메리카에 위치한 페루의 가파른 산등성이에는 무성한 수풀 사이로 건물들과 계단식 논의 신비한 흔적이 남아 있어요. 1911년 미국의 고고학자인 하이럼 빙엄(1875~1956) 박사가 이끈 탐험대가 우루밤바강을 건너 마추픽추 정상을 향해 올라갔어요. 빙엄은 마추픽추를 뒤덮고 있던 것들을 쓸어 내고 발굴을 시작했지요. 그곳에서 그는 돌로 만든 정교한 집과 테라스, 가파른 거리, 신전, 분수, 작업장 등을 찾아냈답니다.

모래와 바위

요르단에 있는 고대 유적지 '페트라'는 한때 낙타에 물건을 싣고 사막을 건너는 장사꾼들의 목적지였어요. 이 도시는 바위 사이에 자리를 잡았고 수로를 만들어 깨끗한 물을 끌어다 썼어요. 기원전 500년대부터 나바테아 왕국의 수도로 번창했던 페트라는 기원후 106년에 로마의 지배 아래 놓이게 되었어요. 그리고 얼마 안 지나 무역로가 바닷길로 옮겨가게 되었지요. 이후 1812년에 스위스의 탐험가 요한 루트비히 부르크하르트(1784~1817)가 페트라를 발견하기 전까지 서구 세계는 이 도시의 존재를 까맣게 잊고 있었답니다.

▲ 페트라의 건물들은 사암(모래가 굳어서 만들어진 돌)의 표면을 파내는 식으로 만들어졌어요.

앙코르와트 사원을 둘러싸고 있는 해자의 길이는 6킬로미터랍니다.

가장 오래된 도시

튀르키예에 있는 신석기 유적지 '차탈회위크'는 세계에서 가장 오래된 도시 중 하나로, 기원전 7500년에서 기원전 5700년경에 세워졌어요. 이곳의 집들은 다닥다닥 붙어 있고 집들 사이에는 길이 없어요. 차탈회위크는 농업과 공예, 종교 행사의 중심지였답니다. 하지만 무역을 하는 방식이 변화하면서 이 도시는 폐허가 된 것으로 보여요.

◀ 이 여신의 동상은 기원전 6000년경 차탈회위크에서 만들어진 거예요.

일상 속 물건들

옛날 사람들이 일상에서 사용하던 물건들을 통해 역사학자들은 평범한 사람들이 어떻게 살았는지 알아내기도 해요. 과거의 이런 물건들과 지금 사용하는 것들을 연관지어 살펴보는 식으로 우리는 시간이 흐르면서 물건들이 어떻게 변화해 왔는지 확인해 볼 수도 있답니다.

북유럽의 체스 장기말
스코틀랜드 루이스섬

루이스섬의 체스 장기말은 바다코끼리의 상아를 깎아서 만든 것인데, 아마도 노르웨이에서 만든 것 같아요. '졸'을 제외한 모든 장기말은 사람의 모습을 하고 있어요.

1300년대

향수 보관함
그리스

옛날에 그리스 사람들은 찰흙을 구워서 화려하게 장식한 도자기 함에 화장품과 연고, 향수, 스킨 오일 등을 보관했어요. 스킨 오일은 피부를 부드럽고 탄력 있게 가꾸어 줬지요. 부유한 여성들은 당시 유행하던 창백한 피부 표현을 위해 얼굴에 파우더를 바르기도 했어요.

1700년대

마오리족의 빗
뉴질랜드

뉴질랜드의 원주민인 마오리족의 남자들은 고래의 뼈나 나무를 깎아 만든 빗을 상투(정수리 부분에 머리를 꼬아서 정돈한 것)에 꽂고 다녔어요. 마오리족에게 이 빗은 종교적인 의미가 있었답니다.

그리스의 토기
고대 그리스

고대 그리스에서는 '암포라'라고 부르는 항아리에 음식과 와인을 보관했어요. 이 항아리는 안에 들어 있는 것들을 차갑게 유지시켜 주었어요.

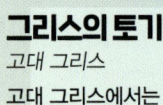

1900년대 초

촛대 모양 전화기
미국

1870년대에 미국에서 처음으로 전화기가 발명되었어요. 촛대 모양의 이 전화기는 듣는 부분과 말하는 부분이 따로 떨어져 있었어요. 소리가 들리는 수화기는 손으로 들어 귀에 대고, 송화기는 입 앞에 두고 말을 전달했답니다.

옛날에는 어떻게 살았을까요?

과거에는 매일 어떻게 생활했는지 알아보려면 수많은 자잘한 실마리들을 풀어내야 하지요. 사람들은 어떤 옷을 입고 무엇을 먹었을까요? 학교에는 다녔을까요? 생활비는 어떻게 벌었을까요? 소식은 어떻게 전달했을까요?

1900년대

축음기
미국

'전축'이라고도 불리는 '축음기'는 음악을 녹음하고 재생시킬 수 있었답니다.

1400년대

아즈텍의 돌 달력
멕시코

이 커다란 돌덩이에는 1년을 이루는 달과 역사적 시대들이 자세히 나와 있어요.

600~900년경
동물 장난감
멕시코 베라크루스

멕시코의 토토나카족은 도자기로 동물 인형을 만들어 아이들 장난감으로 사용했어요.

1150년경

로마의 유리 제품
프랑스 랭스

로마 제국의 여러 곳에서 다양한 용도의 유리 제품을 많이 만들었어요. 이 항아리와 병은 고대 갈리아 지방에서 만든 거예요.

150년경

1850년경

빅토리아 시대의 옷
영국

끈 달린 모자, 숄, 옥양목(솜을 자아서 만든 실인 무명으로 만든 천) 치마, 외투, 발목까지 오는 부츠는 영국의 빅토리아 시대에 노동자 계급이 많이 하던 옷차림이었어요.

5~6세기

옛날을 체험해 보자

'역사의 재현'은 사람들이 마치 옛날 특정한 시대에 진짜로 가 있는 것처럼 느끼게 해서 역사를 알려 주는 방식이에요. 박물관과 성들에 가 보면 배우들이 역사적 장면을 재현하는 공연을 종종 볼 수 있지요. 초등학생들은 고대 로마인들처럼 옷을 입고 당시 사람들이 어떻게 살았는지 더 잘 이해할 수 있는 시간을 갖기도 해요.

1950년대

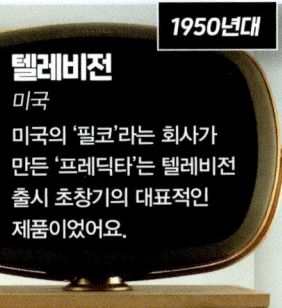

텔레비전
미국

미국의 '필코'라는 회사가 만든 '프레딕타'는 텔레비전 출시 초창기의 대표적인 제품이었어요.

기원전 50년~기원후 50년

청동 거울
영국 데즈버러

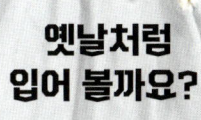

켈트족의 예술 스타일로 장식한 이 멋진 거울은 영국의 철기 시대에 만들어진 거예요.

옛날처럼 입어 볼까요?

박물관이나 역사적 건물 같은 곳에 가면 옛날 사람들의 복장을 직접 입어 볼 기회가 많이 있답니다. 중세의 성에서 노르만족의 가족이 되어 보거나 빅토리아 시대의 사람이 된 것 같은 체험을 해 볼 수 있을 거예요.

395~632년

양털실, 뜨개질 바늘, 실 감개, 가락
이집트의 기독교도 콥트인의 생활

고대 이집트 사람들은 양털로 양말을 짜서 신었어요. 양말 끝에는 발가락을 넣는 곳이 두 군데에 있어서 샌들을 신을 수 있게끔 되어 있었지요.

59

죽음의 땅

우리 조상들은 이미 몇만 년 전부터 장례식을 치러 왔어요. 죽은 몸을 다루는 방식은 문화와 종교에 따라 많이 달랐고, 시간이 흐르면서 크게 바뀌었지만 말이에요. 죽은 사람은 땅에 묻거나, 불로 태우거나(화장), 사방이 트인 곳에 두거나, 미라로 만들어 보존하기도 했답니다.

'붉은 여인'의 수수께끼

1823년, 영국 웨일스의 파빌랜드에 있는 한 동굴에서 윌리엄 버클랜드(1784~1856)가 사람의 뼈대를 발견했어요. 이 뼈는 조개로 만든 장식품에 둘러싸여 있었고 붉은 찰흙에 덮여 있었답니다. 이것을 본 사람들은 그 즉시 로마의 한 여성을 매장한 것이라는 추측을 내놓았지요. 하지만 사실 이 뼈의 주인은 2만 9000년도 더 된 과거에 살았던 젊은 남자였어요. 그는 아마도 사냥꾼들의 대장이었던 것 같아요.

▲ 파빌랜드에서 발견된 뼈는 서유럽에서 정식 장례식이 치러진 가장 오래된 사례로 알려져 있어요.

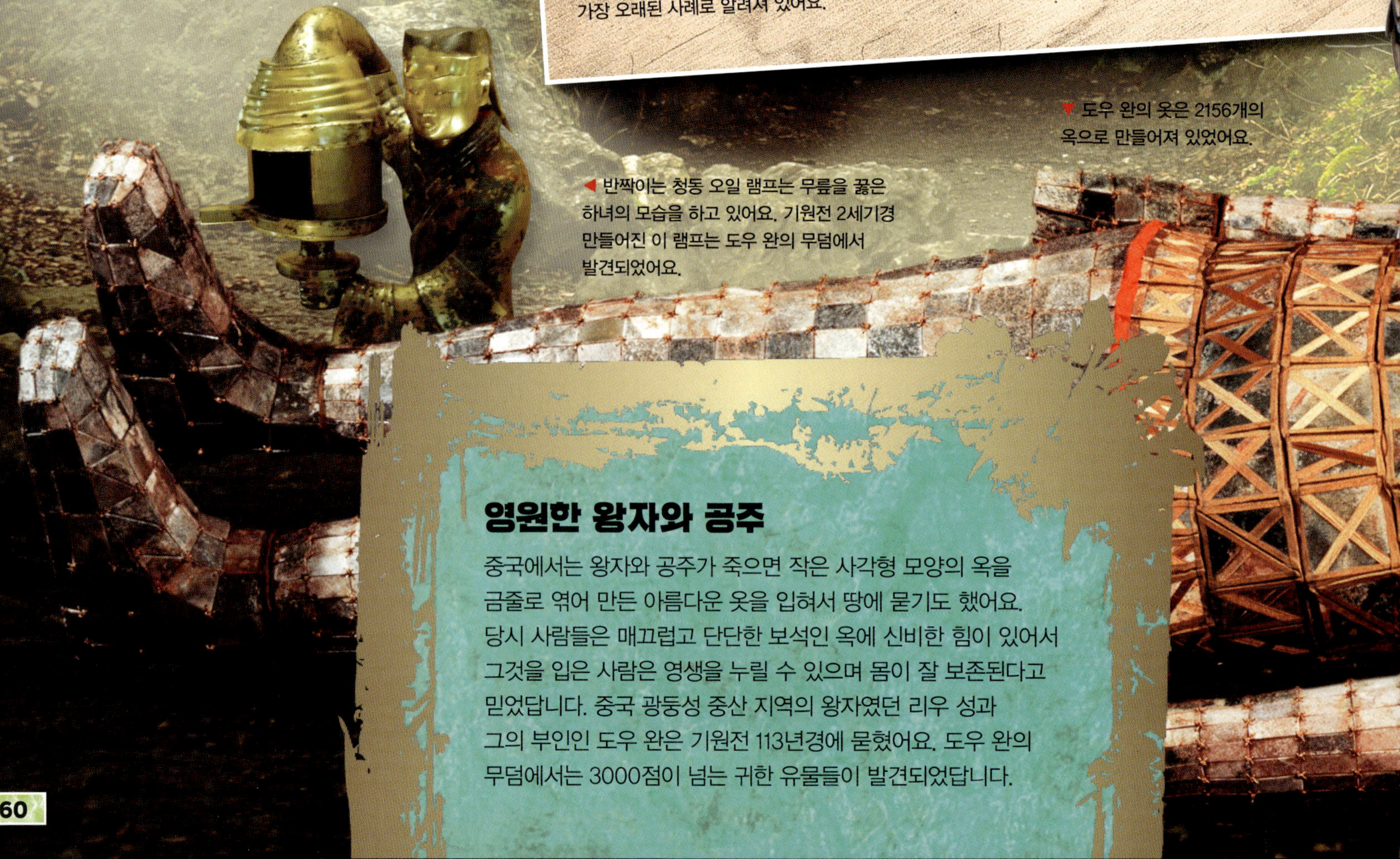

◀ 반짝이는 청동 오일 램프는 무릎을 꿇은 하녀의 모습을 하고 있어요. 기원전 2세기경 만들어진 이 램프는 도우 완의 무덤에서 발견되었어요.

▼ 도우 완의 옷은 2156개의 옥으로 만들어져 있었어요.

영원한 왕자와 공주

중국에서는 왕자와 공주가 죽으면 작은 사각형 모양의 옥을 금줄로 엮어 만든 아름다운 옷을 입혀서 땅에 묻기도 했어요. 당시 사람들은 매끄럽고 단단한 보석인 옥에 신비한 힘이 있어서 그것을 입은 사람은 영생을 누릴 수 있으며 몸이 잘 보존된다고 믿었답니다. 중국 광동성 중산 지역의 왕자였던 리우 성과 그의 부인인 도우 완은 기원전 113년경에 묻혔어요. 도우 완의 무덤에서는 3000점이 넘는 귀한 유물들이 발견되었답니다.

테베의 무덤 도둑

무덤에 죽은 사람과 함께 귀한 재물을 넣으면 문제가 생기곤 해요. 바로 도둑이 몰린다는 문제랍니다. 이런 일을 방지하기 위해 이집트인들은 파라오(왕)가 죽으면 테베(지금의 이집트 룩소르)라는 도시 근처 절벽 아래에 있는 비밀 묘지에 묻기 시작했어요. '왕가의 계곡'으로 알려진 이곳에는 밤낮없이 삼엄한 감시가 계속됐지만, 도둑들은 어떻게든 무덤에 들어가 보물을 훔치곤 했답니다.

▲ 무덤을 터는 도굴꾼들은 파라오들의 보물을 훔치려고 목숨을 걸기도 했어요.

◀ '우르'에서 찾아낸 이 숫양의 동상은 금, 은, 조개껍데기 그리고 '라피스 라줄리'라는 파란 돌로 만들어져 있어요.

우르 왕의 무덤

'우르'는 메소포타미아 지역(고대 이라크)에 있었던 수메르인들의 도시 국가랍니다. 이곳에서 1920년대에 발굴 작업이 진행되어 기원전 2600년부터 기원전 2500년까지 거슬러 올라가는 왕의 무덤 16개를 찾아냈어요. 이 무덤 안에는 금으로 만든 왕관과 보드 게임, 고대 현악기인 리라, 정교한 보석 등 보물이 가득 들어 있었답니다.

바이킹의 장례식

8~11세에 유럽과 러시아 등지의 바다를 누볐던 노르만족인 바이킹들은 거의 평생을 바다에서 보낸 뱃사람들이었어요. 그런 만큼 바이킹들 중에는 삶의 마지막 날을 바다에서 맞이하고자 하는 사람도 많았답니다. 바이킹의 선장이 죽으면 그의 몸을 배에 싣고 불에 태우거나 배 모양을 한 비석을 세웠어요. 이 길쭉한 배는 노르웨이의 오세베르그 지역 흙더미 속에 파묻혀 있었던 거예요. 이 배에는 834년에 세상을 떠난 두 여성의 시체가 실려 있었어요. 두 사람 중 한 명은 아마도 왕비였던 것으로 보여요.

▼ 오세베르그에서 찾은 배 안에는 옷과 베일, 옷감들이 있었고, 섬세하게 다듬은 궤짝과 나무로 만든 썰매, 손수레, 그리고 말과 개, 소의 뼈도 있었답니다.

> 우르에서 찾아낸 무덤에는 '죽음의 구덩이'가 있었어요. 죽은 왕과 왕비를 모시고 저승까지 함께 가라는 의미로 많은 하인들을 이곳에 묻었답니다.

영원히 남은

얼굴

죽은 이후에 몸이 자연 속에서 저절로 보존되는 경우도 있어요. 시체가 묻힌 주변 조건이 딱 맞아 떨어졌기 때문이에요. 이런 경우를 제외하고는 대체로 종교적인 이유로 시체를 그대로 보존해 왔답니다. 어떤 지역에서는 죽은 사람이 저승까지 무사히 가도록 하려면 몸이 고스란히 남아 있어야 한다고 믿기도 했거든요. 특히 이집트인들은 시체를 보존하는 기술이 뛰어났어요.

▼ 이집트 사카라에서 발견된 이 미라는 2600년 전에 만들어진 거예요.

사막 한가운데에서

죽은 사람을 사막의 모래 속에 묻으면 몸에 남아 있던 물기가 자연스럽게 말라요. 아마도 이런 자연 현상을 보고 이집트인들은 미라를 만드는 방법을 처음 떠올렸을 거예요. 곧이어 나트론 소금과 삼나무 오일, 송진과 붕대를 이용해 시체를 보존할 수 있는 정교한 기술을 개발해 냈고요.

> 중세 시대에는 무덤에서 꺼낸 미라를 가루로 만들어 마법의 약이나 연고를 만드는 데 사용했어요.

안녕, 아르테미도로스

이집트가 그리스의 지배를 받게 되고 뒤이어 로마 제국의 통치 아래 들어간 시대에도 죽은 사람을 미라로 만들고 사람 모습을 한 나무 관에 넣어 묻는 풍습은 계속되었답니다. 관에는 죽은 사람과 매우 닮은 초상화를 그려 넣어 그 안에 들어 있는 사람이 누구인지 알 수 있도록 했어요.

◀ 미라가 담겨 있던 이 관은 이집트 하와라에서 발견된 거예요. 아르테미도로스라는 이름의 한 젊은 남자 얼굴이 붙어 있지요. 그는 약 1900년 전에 죽은 걸로 보여요.

죽은 사람의 탑

칠레와 페루의 사막과 고산 지대에서도 기원전 5000년부터 기원후 1400년까지 미라를 만드는 풍습이 흔했습니다. 안데스산맥의 높은 고원에서는 '출파'라는 돌탑 안에 음식, 음료수, 칼, 단지, 거울과 함께 미라를 넣어 두었어요. 남아메리카에서는 아이의 미라를 도자기 항아리에 넣고 가족이 사는 집의 바닥 아래에 묻어 두기도 했답니다. 부모의 손길이 닿을 수 있는 곳에 죽은 자녀를 묻어서 그 영혼을 돌보고자 했던 거예요.

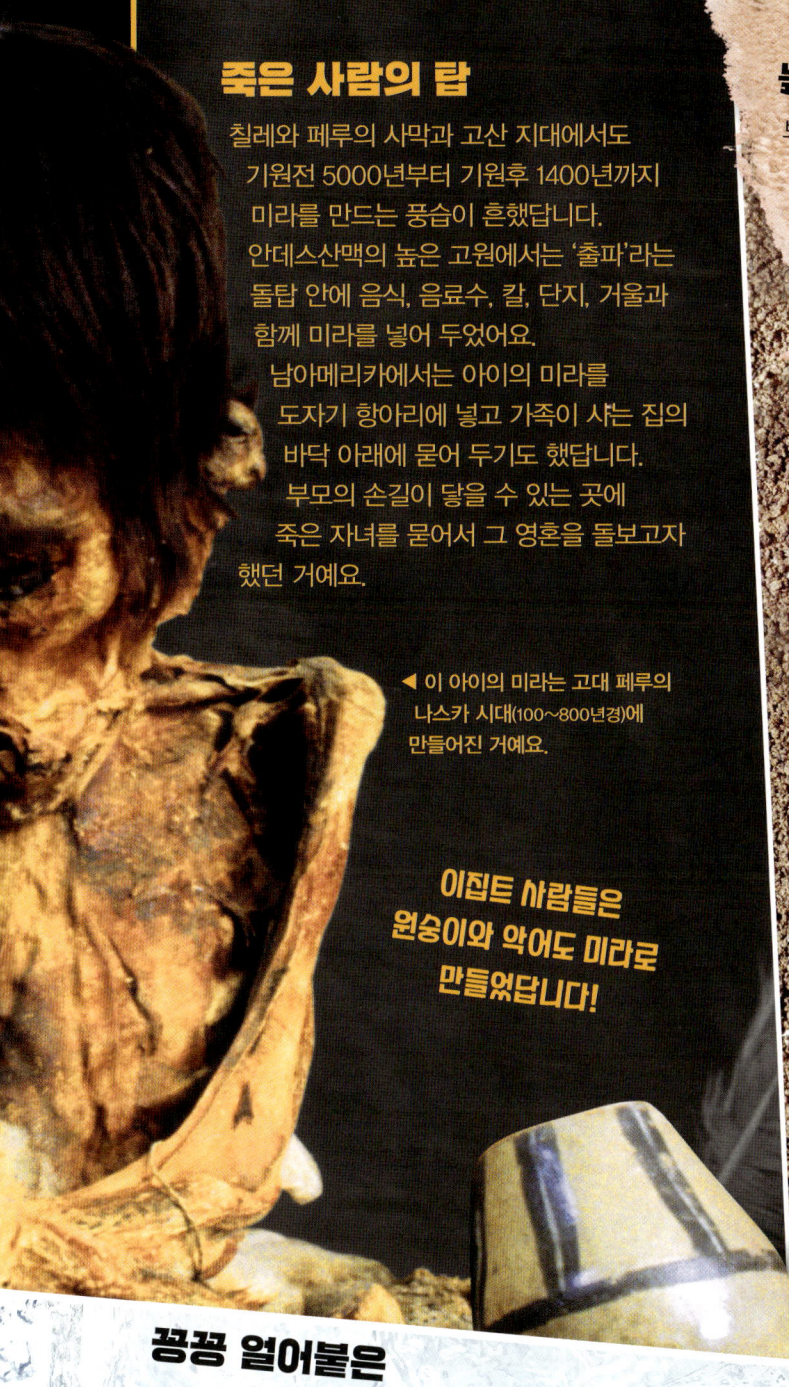

◀ 이 아이의 미라는 고대 페루의 나스카 시대(100~800년경)에 만들어진 거예요.

이집트 사람들은 원숭이와 악어도 미라로 만들었답니다!

늪 속에서 발견된 사람

보존 상태가 가장 좋은 시체들은 이탄(아직 덜 굳은 석탄) 늪지대에서 발견되곤 했어요. 북유럽의 늪지대는 춥고 산성이 강하며 산소가 적기 때문에 피부와 내장 기관이 잘 보존된답니다. 이런 늪지대에서는 기원전 8000년 전부터 중세 시대 초기까지의 시체가 발견되었는데, 대부분이 기원전 5세기에서 기원전 1세기 사이의 시체들이었어요. 역사학자들은 이 사람들이 신에게 바치는 제물로서 잔인한 죽음을 맞았을 거라고 생각해요.

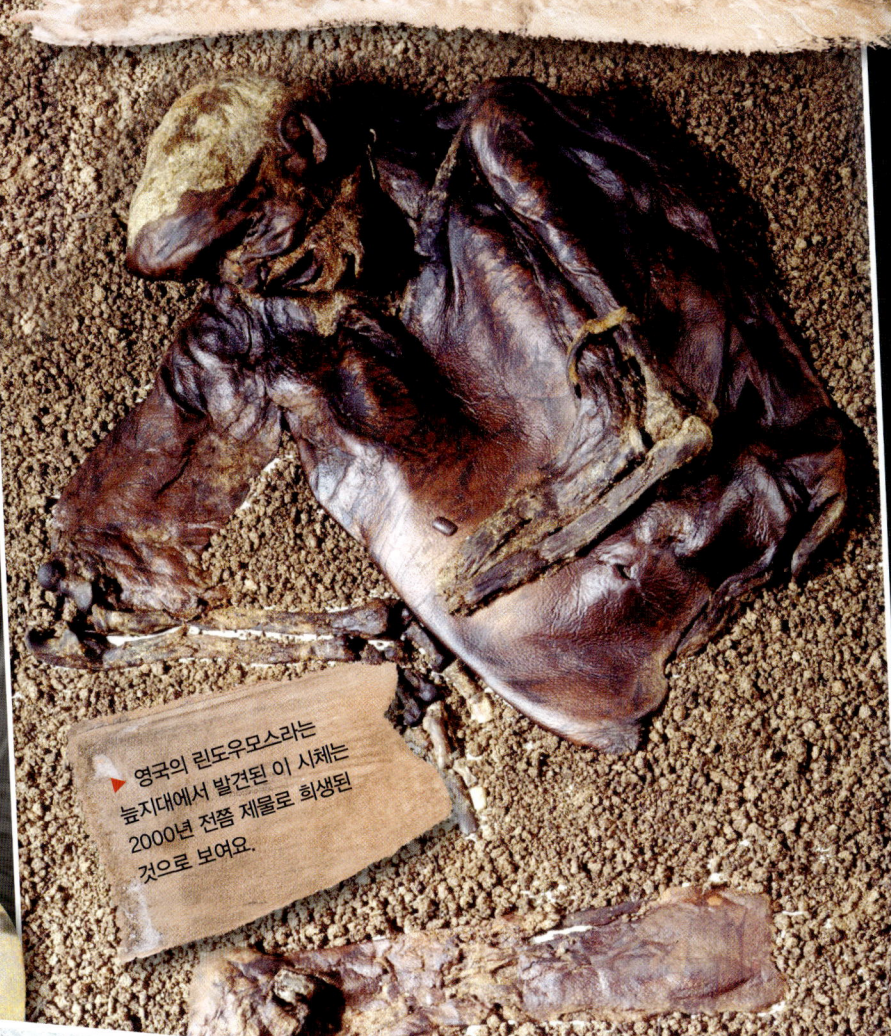

▶ 영국의 린도우 모스라는 늪지대에서 발견된 이 시체는 2000년 전쯤 제물로 희생된 것으로 보여요.

꽁꽁 얼어붙은

시베리아의 영구동토층(1년 내내 꽁꽁 얼어 있는 땅)과 유럽 알프스산의 만년설(1년 내내 녹지 않는 눈) 속에서도 시체가 그대로 보존되곤 한답니다. 말하자면 자연이 만든 냉장고 속에 보관된 셈이지요. 1991년 이탈리아와 오스트리아 사이 국경에서 유럽의 청동기 시대에 살았던 한 사냥꾼의 시체가 발견되었어요. 알프스의 만년설 속에 파묻혀 있던 이 시체에는 '아이스맨 외치'라는 이름이 붙었답니다.

◀ 이 아이스맨은 지금까지 발견된 미라 중에서 죽을 때의 모습을 온전히 간직하고 있는 제일 오래된 미라예요. 보존 상태가 매우 좋아서 눈의 형태도 식별할 수 있을 정도랍니다.

VISAS 11

이름 : 외치

태어난 날 : 기원전 3300년경

살았던 곳 : 유럽 알프스산맥

죽을 때의 나이 : 45세쯤

키 : 165센티미터

몸무게 : 50킬로그램

눈에 띄는 것 : 문신(또는 침으로 치료한 흔적)

옷 : 곰가죽 모자, 망토, 가죽 코트, 허리띠, 몸에 달라붙는 바지, 신발

소지품 : 부싯돌, 활, 화살, 구리 도끼

역사학 실험실

과학과 기술은 역사학자들과 고고학자들의 작업에 변화를 몰고 왔어요. 특수한 기술을 사용해서 사람이 죽기 전에 무엇을 먹었고, 죽은 원인이 무엇이며, 심지어 어떤 종류의 일을 했는지도 알아낼 수 있거든요. 더 나아가 몇천 년 전의 기후와 식물의 생태까지 밝혀낼 수 있답니다.

▶ 나무가 자랄수록 기둥에는 더 많은 세포층 또는 나이테가 생겨나요. 이 나이테를 통해 옛날에는 기후가 어땠는지 가늠해 볼 실마리를 얻을 수 있답니다.

나무 안에 다 있다!

'나이테 연대'란 매년 성장하는 나무의 나이테를 세는 과학 용어예요. 나이테의 개수를 통해 나무의 정확한 나이를 알 수 있답니다. 그리고 나이테 사이의 간격을 보면 당시의 기후와 나무가 자라난 환경에 관한 정보를 얻을 수 있어요.

유전자 분석 기술

DNA는 살아 있는 모든 생명체들이 지닌 화학적 암호이고 부모로부터 자식에게 전달되지요. DNA를 연구하는 학문인 유전학은 오늘날 고고학에서 굉장히 중요한 도구랍니다. 미라의 정체를 파악하는 데 도움이 될 뿐만 아니라, DNA 분석 기술을 통해 역사학자들은 미라가 된 사람이 살았던 시대를 훨씬 더 잘 이해할 수 있어요. 그 사람이 어떤 병으로 죽었는지, 어떤 약을 먹었는지 그리고 가족 관계까지도 알아낼 수 있거든요.

▶ DNA 검사를 통해 이 미라가 기원전 15세기에 이집트를 다스렸던 파라오인 핫셉수트 여왕이라는 사실을 알아냈어요.

◀ 순록의 뼈에서 얻은 표본을 탄소 연대 측정 기술로 분석하고 있어요.

방사성 물질

자연 속에서 저절로 깨지면서 방사선을 방출하는 물질이 있는데, 이것을 '방사성' 물질이라고 해요. 나무나 곡식, 옷감, 뼈와 같은 '유기물'에는 방사성 물질인 탄소-14 원자와 안정적인 탄소-12 원자가 같이 들어 있어서 이 둘을 비교할 수 있답니다. 오래될수록 그 안에 남아 있는 방사성 물질도 더 적어지지요. 이렇게 해당 물질이 얼마나 오래되었는지 알아내는 기술을 '탄소 연대 측정'이라고 한답니다.

현미경의 승리

미라가 된 '아이스맨 외치'의 위에서 찾아낸 세 개의 작은 곡물을 전자 현미경으로 들여다보았어요. 이를 통해 고고학자들은 외치가 어디에서 언제 죽었는지 그리고 그곳의 기후와 생태, 계절까지 알아낼 수 있었어요. 외치의 창자 안에 있는 음식 부스러기들이 무엇인지 파악하는 데에도 전자 현미경이 쓰였답니다.

치과 의사 좀 불러 줘요

이빨은 사람의 몸에서 가장 단단하고 튼튼한 부분이에요. 뼈조차 삭아 버린 한참 뒤에도 이빨은 무사히 남아 있곤 하지요. 이빨 한 개만 남아 있어도 닳아 있는 상태를 보면 그 사람이 어떻게 살았는지 대강 알아볼 수 있답니다. 나이, 식생활, 음식 조리 방식, 일반적인 건강 상태, 스트레스 수준, 위생, 굶주림의 정도, 가족 관계 등까지 밝혀낼 수 있지요.

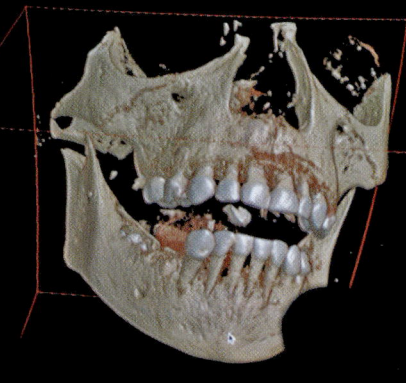

▲ CT(컴퓨터 단층 촬영) 기술로 2000년 전 미라를 통해 어린아이의 턱과 이빨의 디지털 모형을 만들 수 있었어요.

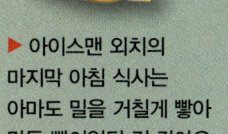

▶ 아이스맨 외치의 마지막 아침 식사는 아마도 밀을 거칠게 빻아 만든 빵이었던 것 같아요. 위에서 발견된 곡물이 밀의 한 종류였거든요.

▼ 이것은 1700년대쯤 자연스럽게 미라가 된 것으로, 헝가리에 있는 한 교회의 지하에서 발견되었답니다. X선 촬영 결과 이 사람은 폐결핵으로 죽은 것으로 밝혀졌어요.

미라의 속을 들여다보려면

병원에서는 X선을 비롯한 여러 촬영 기기를 통해 환자들을 진단해요. 이런 장비들은 부서지기 쉬운 미라나 다른 유물들을 검사하기에도 딱 좋답니다. 미라를 감싸고 있는 붕대만 풀어도 자칫 미라가 부서질 수 있어요. 반면에 X선 촬영기는 미라에 아무런 피해를 주지 않고도 뼈나 두개골을 들여다볼 수 있거든요.

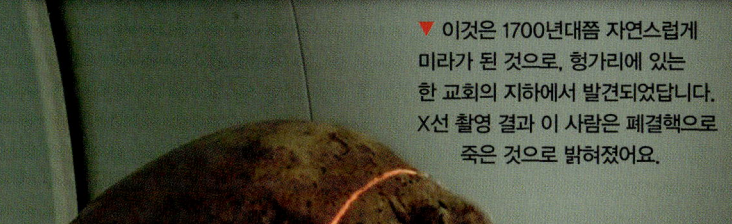

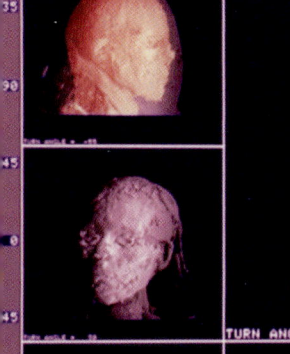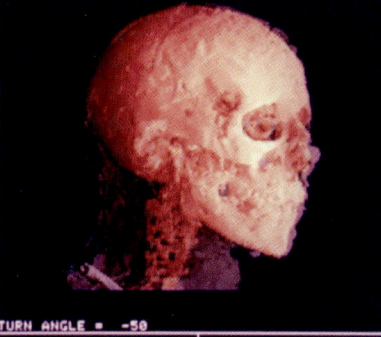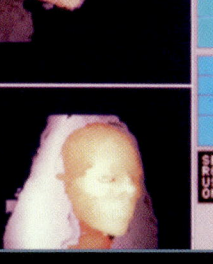

▲ 이 사진들은 이집트 성전의 성가대원이 담긴 관을 찍은 거예요. 이 사람들은 기원전 950년경에 살았답니다.

보물찾기

보물을 찾는 일에는 엄청난 부와 귀중한 물건, 눈부신 아름다움, 욕망과 도굴꾼 등의 이야기가 따라붙곤 해요. 이런 보물들을 통해 역사학자들은 과거 사회가 어떠했는지에 관한 정보를 얻을 수 있어요. 옛날에는 물건들이 어떻게 만들어졌는지, 값나가는 것들이 무엇이었는지 등을 알아낼 수 있지요.

숨겨진 창고

보물들은 대개 비밀 장소에 숨겨져 있어요. 아마도 은밀하게 다뤄야 했거나, 침략자에게 들키지 않으려거나, 안전하게 재산을 '저축하려고' 그랬을 거예요. 주인이 되찾기 전에 살해되거나 나라 밖으로 추방될 경우, 이 보물들은 몇백 년이 넘도록 그렇게 숨겨진 채로 남아 있게 되지요.

▲ 860년경 숨겨둔 바이킹의 보물 창고가 노르웨이의 혼이라는 곳에서 발견되었어요.

도시를 털어라

1204년에 중동으로 향하던 베니스와 프랑스의 십자군 원정대는 가던 길을 벗어나 기독교 도시인 콘스탄티노플(지금의 이스탄불)로 쳐들어갔어요. 그러고는 큰 교회와 궁전에서 은과 금, 보석과 진주, 비단 옷감, 종교적 유물 등을 쓸어 갔지요. 그들은 엄청난 양의 재물뿐만 아니라 심지어는 도시의 경마장에 있던 커다란 말 동상까지 훔쳐갔답니다.

▲ 십자군은 청동으로 만든 말 동상을 이탈리아 베니스로 가지고 갔어요. 이것은 베니스에서 가장 유명한 볼거리가 되었답니다.

높으신 분의 무덤에서

세계 곳곳의 가장 눈부신 보물 대부분이 왕이나 귀족의 무덤에서 발견되곤 했어요. 무덤 속에 있던 이런 값비싼 보물들은 죽은 사람이 저승에 가지고 갈 물건이었을 수도 있고, 종교적 의식이나 신분을 나타내기 위한 것이었을 수도 있어요.

◀ 약 1800년 전 페루에 살았던 모체족의 시판 왕은 금과 은 그리고 400개의 보석과 함께 피라미드에 묻혀 있었답니다.

왕관의 보석들

왕과 여왕, 황제들은 호화로운 옷과 장식품으로 자신의 지위와 부를 드러내 보이고 싶어 했어요. 이렇게 왕이나 황제의 권력을 상징하는 옷이나 장식품을 '레갈리아'라고 해요. 금이나 보석으로 잔뜩 치장한 레갈리아로는 왕관, 티아라, 어깨띠, 칼, 반지, 장갑, 보주(왕을 상징하는 공 모양의 장식품), 홀(지팡이 모양의 장식품), 족제비 모피로 만든 망토 같은 것들이 있었어요. 역사적으로 유명한 왕관 또는 그 모조품은 많은 사람들이 볼 수 있도록 전시해 놓는 경우도 있어요.

신에게 바치는 선물

사람들은 자신이 믿는 신에게 향, 제물, 음식 같은 것들을 바쳐 왔어요. 이런 것들을 '봉헌물'이라고 하는데, 멋진 무기나 보석을 성스러운 연못에 던져 넣거나 성스러운 곳에 놓아두는 식이었지요. 중세 시대의 군주들은 신의 은총을 바라며 값비싼 보물을 신전이나 수도원 또는 교회에 바치기도 했답니다.

▶ 스페인의 옛 수도인 톨레도 근처에서 발견된 구아자르의 보물에는 왕관, 사파이어, 진주가 포함되어 있었어요. 이 보물들은 600년에 스페인을 다스리던 독일의 왕이 교회에 바쳤던 것들이랍니다.

▲ 이 왕관과 보주, 홀은 폴란드의 왕들이 가지고 있던 것들이에요.

불가리아의 바르나에서 약 3000개 정도의 오래된 금붙이들이 발견되었어요. 기원전 4700년에서 기원전 4200년쯤에 만들어진 것들이었답니다.

전쟁 속으로

전쟁이 벌어지던 시기의 흔적들과 전쟁을 직접 겪은 사람들의 이야기, 역사적 기록들을 통해 고고학자들은 전쟁 때 실제로 어떤 일이 있었는지 그림을 그려 내곤 해요. 때때로 이런 연구 덕분에 잊힌 사연이 밝혀지기도 하고, 정확하지 않은 기록이 바로잡히기도 하며, 역사 기록에 중요한 자료가 더해지기도 하지요.

전쟁 지도 만들기

전쟁 시기에 군대에서 작성한 지도를 통해 고고학자들과 역사학자들은 전투가 발생한 지역과 땅굴 및 참호가 있는 곳을 파악해요. 그리고 나서 이러한 자료들을 바탕으로 현재의 지도에 그 정확한 위치를 표시할 수 있지요.

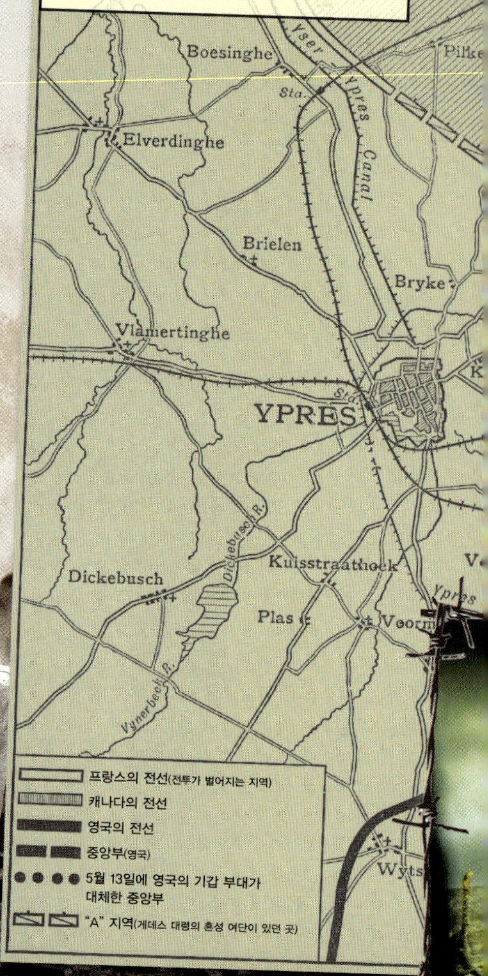

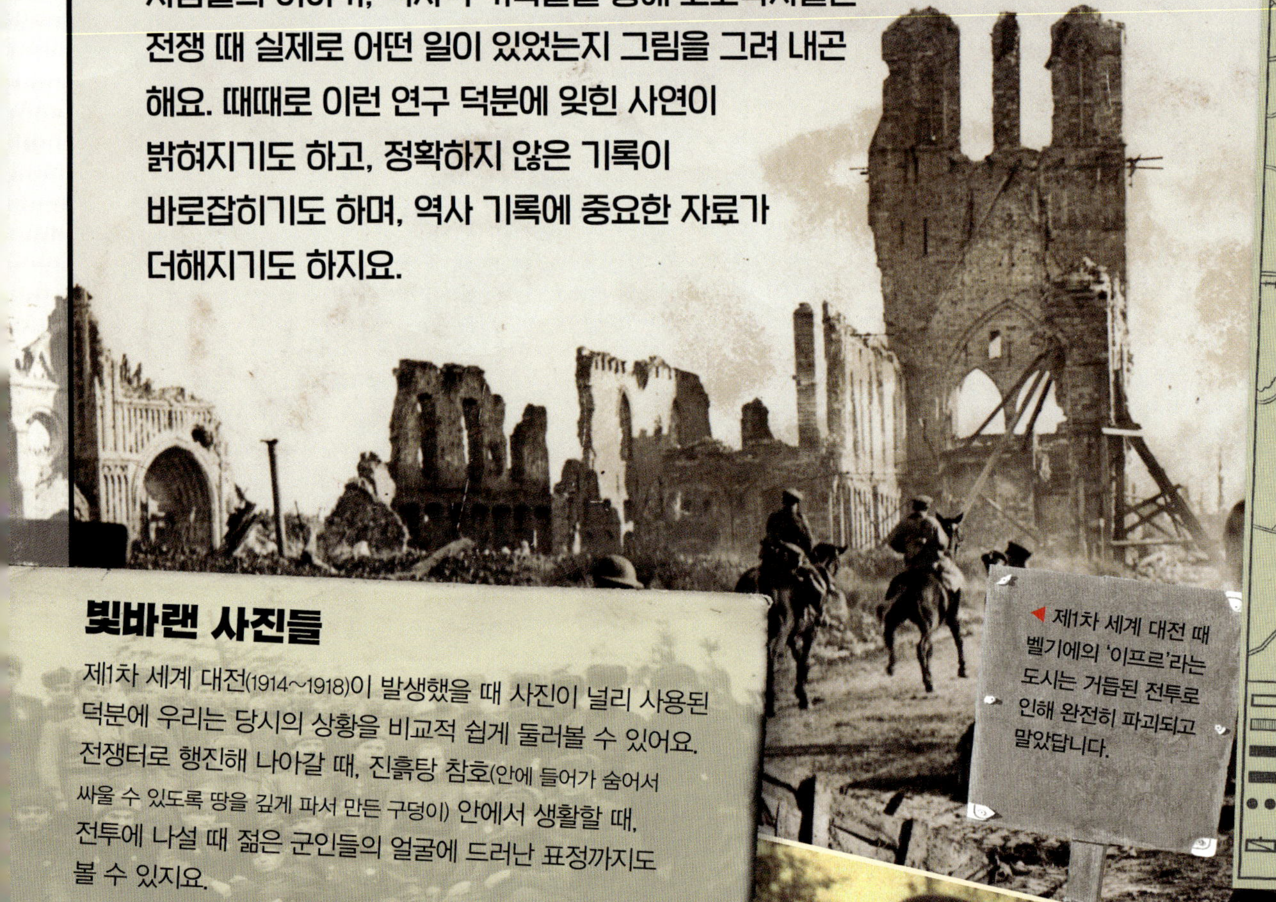

빛바랜 사진들

제1차 세계 대전(1914~1918)이 발생했을 때 사진이 널리 사용된 덕분에 우리는 당시의 상황을 비교적 쉽게 둘러볼 수 있어요. 전쟁터로 행진해 나아갈 때, 진흙탕 참호(안에 들어가 숨어서 싸울 수 있도록 땅을 깊게 파서 만든 구덩이) 안에서 생활할 때, 전투에 나설 때 젊은 군인들의 얼굴에 드러난 표정까지도 볼 수 있지요.

▶ 앨버트 '스마일러' 마샬(말을 탄 사람)은 제1차 세계 대전에서 살아남아 2005년까지 살다가 세상을 떠났어요.

◀ 제1차 세계 대전 때 벨기에의 '이프르'라는 도시는 거듭된 전투로 인해 완전히 파괴되고 말았답니다.

편지와 일기

제1차 세계 대전에 참전했던 군인들의 일기와 집으로 보낸 편지들을 통해 우리는 그들의 생생한 목소리를 접할 수 있어요. 전쟁터에서 집으로 보낸 편지의 경우 보안상의 이유로 군대의 검열을 받긴 했지만 말이에요.

역사 파헤치기

제1차 세계 대전에서 맞붙었던 양쪽 진영은(연합군과 동맹군) 군부대를 보호하기 위해 북해에서 스위스까지 거미줄처럼 복잡하게 연결된 수많은 참호를 팠어요. 고고학자들은 1916년에 만들어진 것으로 알려진 참호들의 정확한 위치를 알아내기 위해 프랑스 북부 솜 지역의 전투지를 파헤쳐 보았답니다. 이곳에서 사람의 뼈, 군복 단추와 배지, 철모, 무기와 총알, 포탄의 잔해 등이 발견되었어요.

▲ 1916년 끔찍한 전투가 계속되는 동안 전사한 군인들의 유해가 지금도 발견되지 않은 채 그 근처 어딘가에 묻혀 있어요.

▶ 영국의 작가 마이클 모퍼고가 이프르에 있는 플랑드르 전쟁 박물관을 둘러보고 있어요.

박물관이 들려주는 이야기

전쟁터 한복판에 있었던 많은 군인들에게 전쟁은 혼란과 공포의 도가니였어요. 그들은 제1차 세계 대전이 어떻게 흘러가고 있는지 전체적인 그림을 알 길이 없었답니다. 오늘날 역사학자들은 박물관과 전투가 벌어졌던 지역을 둘러보는 식으로 당시 군대의 장교들이 어떤 전략과 전술을 썼는지, 군인들은 매일 어떤 생활을 했는지 알아낼 수 있어요.

군인들을 기억하며

제1차 세계 대전 때 전투가 벌어졌던 세계 곳곳에서는 희생된 군인을 추모하고 전쟁의 아픔을 기억하기 위한 묘지와 기념물을 찾아볼 수 있어요. 이런 곳들에 가 보면 그 엄청난 규모에 정신이 번쩍 들 정도랍니다. 전쟁터에서 목숨을 잃은 군인들의 자손들은 지금도 꾸준히 묘지를 찾고 있는데, 전쟁을 연구하는 역사학자들에게는 그들도 중요한 정보원이 되어 주곤 하지요.

▲ 벨기에의 이프르에 있는 메닝 문 기념비에는 아직도 찾지 못한 군인 5만 4000명의 이름이 새겨져 있어요.

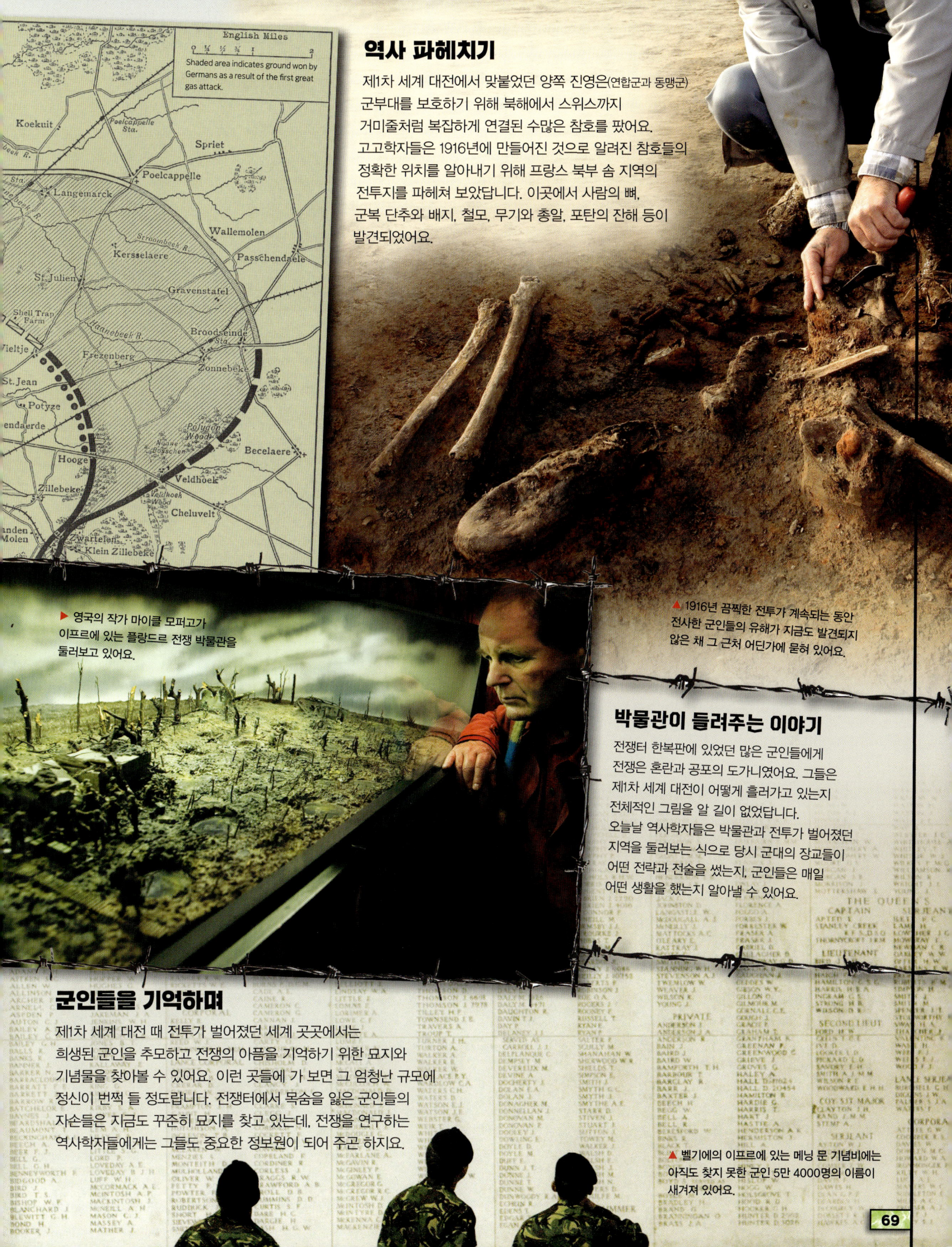

바닷속 깊은 곳에

바다의 일렁이는 파도 아래에는 또 다른 세상이 있답니다. 해양 고고학자들은 모래톱과 산호초 사이를 헤치며 아주 먼 옛날 폭풍이나 해상 전투로 침몰된 배, 즉 '난파선'을 찾아다녀요. 난파선은 과거를 그대로 간직하고 있는 귀중한 '타임캡슐'이지만, 깊고 위험한 물속에서 난파선에 접근하기란 꽤 어려운 일이랍니다.

타이태닉!

'타이태닉'이라는 말은 본래 '굉장히 크다'는 의미로, 100년 전쯤 대서양을 가로지르는 최신식 호화 여객선에 붙여진 이름이에요. 1912년 첫 항해에 나선 타이태닉호는 빙산에 부딪혀 1500명이 넘는 승객과 함께 바닷속으로 침몰하고 말았습니다. 이로써 '타이태닉'은 역사상 가장 유명한 난파선이 되었지요. 그러다 1985년에 약 4킬로미터 깊이의 바닷속에서 타이태닉호의 잔해가 발견되었어요. 뱃고동을 울리는 장치와 접시들을 비롯해 6000개가 넘는 물건들도 찾아냈답니다.

◀ 잠수정의 카메라로 찍은 타이태닉호의 난간이에요.

먼 옛날의 화물

고대 그리스 사람들은 뛰어난 뱃사람이자 정복자였어요. 기원전 9세기부터 지중해와 흑해의 전 지역을 누비며 물건을 실어 나르고 거래를 했지요. 바닷속에서 찾아낸 난파선을 보면 그리스인들의 배 건조 기술과 항해술을 알 수 있어요. 또한 난파선에 남아 있는 화물을 통해 그리스인들의 물품 거래 방식과 당시의 경제 상황, 예술 작품도 파악할 수 있지요. 바닷속에서 찾아낸 화물들 중에는 와인과 기름을 보관하는 데 썼던 큼직한 도자기 항아리인 '암포라'도 있었답니다.

◀ 세계에서 가장 오래된 기계식 계산기예요. 그리스의 난파선에서 발견되었는데, 기원전 100년경에 쓰였던 것으로 보여요.

▼ 크고 튼튼한 장비로 바다 밑바닥에서 '메리로즈호'를 끌어올리고 있어요.

잃어버린 전함

1545년, 전함 메리로즈호는 잉글랜드의 왕과 해군의 자랑이었어요. 배의 측면에 최신 '포문'이 설치되어 있어서 그곳을 통해 무거운 대포를 발사할 수 있었거든요. 하지만 프랑스군과 전투를 치르러 가던 도중에 배에 물이 차면서 침몰하고 말았답니다. 이후 메리로즈호는 1971년에 바닷속에서 발견되었어요. 오랫동안 바다 밑바닥에 있었는데도 나무로 된 뼈대 대부분이 형태를 잘 유지하고 있었답니다.

스페인의 보물선

1500년대에 스페인 군대는 중앙아메리카와 남아메리카를 침입해 값비싼 물건들을 빼앗아 배에 잔뜩 싣고는 스페인으로 가져갔어요. 스페인은 1566년부터 1789년 사이에 '갤리언선'이라는 커다란 돛단배들을 대서양 건너 카리브해로 보냈어요. 보물을 싣고 돌아오던 많은 갤리언선이 해적들의 공격을 받거나 허리케인에 휘말려 바닷속으로 가라앉고 말았답니다. '누에스트라 세뇨라 데 아토차'라는 배도 1622년에 미국 플로리다 앞바다의 산호초 속으로 가라앉았어요. 귀중한 화물과 동전, 대포를 싣고 있던 이 배는 미국의 보물 사냥꾼에 의해 1985년에 발견되었답니다.

▶ 이 반지와 스페인의 동전은 1717년에 북아메리카 케이프코드 앞바다에 가라앉은 해적선인 '휘다'에서 찾아낸 거예요.

1967년에 잠수부들이 약 3000년 전 바다 아래로 가라앉은 그리스의 한 도시를 찾아냈어요. '파블로페트리'라는 이 수중 도시에 남아 있던 것들은 기원전 2800년에서 기원전 1200년 사이에 만들어진 것이랍니다.

하늘에서 **땅으로**

고고학자들이 가장 놀랄 만한 역사적 유적을 찾은 곳은 바로……

하늘 위에서랍니다! 하늘이나 우주에서 내려다보면 지상에서는 볼 수 없었던 들판 위의 고대 문양, 거주지, 토공(땅을 파거나 흙을 쌓아서 만든 것)이 모습을 드러내지요. 하늘에서 내려다보면 역사적 유적을 한눈에 볼 수 있고, 유적 전체가 어떤 구조로 되어 있는지, 특징은 무엇인지 쉽게 알 수 있어요.

▼ 아주 가벼운 초경량 항공기가 잉글랜드 윌트셔의 하늘 위를 날고 있어요. 이곳에는 세계적으로 유명한 선사 시대의 유적이 있거든요.

에이브버리 마을은 중세 시대 초기에 '헨지' 유적지의 한 부분에 걸쳐서 형성되었답니다.

에이브버리의 하늘 위에서

영국 윌트셔의 에이브버리에 있는 고대 유적은 땅 위에서 봐도 아주 멋져요. 하지만 하늘에서 보면 전체적인 모습을 한눈에 볼 수 있는데, 돌을 세워서 만든 세 개의 거대한 고리 모양을 하고 있지요. 이 '헨지'(커다란 돌이나 나무를 동그라미 모양으로 빙 둘러 세워 놓은 고대의 유적)는 대략 기원전 2850년에서 기원전 2200년 사이, 그러니까 신석기 시대에 만들어진 거예요. 고고학자들은 에이브버리의 이 유적이 기념 행사나 종교 의식을 위한 것이었다고 추정해요.

스톤헨지의 비밀을 벗기다

하늘에서 내려다보면 스톤헨지의 전체적인 모습이 매우 잘 보여요. 거대한 돌과 그 주변을 둘러싼 조형물들이 빛과 그림자의 영향을 받아 훨씬 더 큰 행사장의 일부분으로 신성한 의식을 치르던 곳이랍니다.

◀ 스톤헨지가 세워지고 4900년이 흐르도록 공중에서 촬영된 이런 모습은 아무도 본 적이 없었답니다.

수수께끼의 원숭이

남아메리카 페루의 나스카 사막에는 새와 동물, 사람이 그려진 어마어마하게 큰 문양이 펼쳐져 있어요. 비행기를 발명하기 전까지는 이것을 제대로 볼 수 없었답니다. 이 그림은 400년에서 650년 사이에 만들어진 것으로, 아마도 신에게 전달하고자 한 메시지였거나 사람들이 의례적으로 따라가던 길이었던 같아요.

나스카 사막에 있는 그림들 중에는 무려 200미터에 이르는 거대한 것도 있어요!

▲ 나스카 사막의 이 그림은 꼬리를 돌돌 말고 있는 어마어마하게 큰 원숭이예요.

▶ 미국 오하이오주의 그레이트 서펜트 마운드는 1800년대에 처음 발견되었어요.

구불구불 커다란 뱀

북아메리카에 있는 그레이트 서펜트 마운드(Great Serpent Mound)는 세계에서 가장 큰 동물 모양의 흙무덤으로, 뱀이 몸부림치는 모습을 하고 있어요. 길이 411미터, 높이 1미터에 이르는 이 고분은 1070년에 아메리카 원주민들이 만든 것으로 알려져 있어요. 그런데 이곳을 발굴하는 작업을 진행했던 연구자들은 이것이 무덤이 아니라고 여긴답니다.

역사 다시 세우기

역사는 쉽게 망가지거나 사라질 수 있어요. 나무로 만든 것들은 썩어 없어지고, 돌과 벽돌은 부서져요. 의복은 닳아 버리고, 글로 남긴 기록은 쉽게 찢어지지요. 귀한 금속은 도둑맞거나 녹아 사라져 버리기도 하고요. 역사의 증거를 보관하고 복원하는 일은 매우 중요하답니다. 그래서 보존과 복구, 복원 기술이 동원되기도 해요.

BEFORE

▶ 깨진 항아리의 조각을 조심스럽게 이어붙이고 있어요.

AFTER

퍼즐 맞추기

꽃병이 산산이 부서져 있거나 고대의 천 조각이 잘게 찢겨 있다면? 고대의 투구나 방패, 그릇은 겨우 청동 조각 몇 개만 남아 있을 때가 많아요. 전문가들은 많은 시간을 들여서 퍼즐을 맞추듯 이런 조각을 맞추곤 하는데, 이때 어떤 조각은 아예 없을 수도 있어요. 퍼즐을 완전히 맞추기 전까지 그것이 대체 무언지 알 수 없을 때도 있고요.

▼ 이탈리아의 화가 귀도 레니(1575~1642)의 그림을 조심스럽게 복원하고 있어요.

BEFORE

AFTER

캔버스와 그림

귀중한 그림을 복원하려면 힘겨운 노력이 필요해요. 수백 년간 쌓인 묵은 때나 광택제를 벗겨 내면 애초의 색감을 되찾을 수도 있지만, 그 그림을 완성한 사람이 누구인지 의심을 사게 될 수도 있어요. X선을 쪼이면 화가가 그림을 그리면서 덧칠한 부분과 다른 사람이 나중에 건드린 부분이 밝혀진답니다. 물감이나 캔버스에 손을 댈 때는 원본을 훼손하지 않도록 조심스럽게 작업해야 하지요.

BEFORE

폭탄을 맞아 무너졌어요

제2차 세계 대전(1939~1945)이 막바지에 이를 무렵인 1945년에 오랜 역사를 가진 독일의 도시 드레스덴이 연합군의 폭격과 뒤이은 화재로 인해 도시 전체가 그야말로 쑥대밭이 되었어요. 1951년부터 몇십 년에 걸쳐 재건과 복구가 이어졌답니다. 드레스덴의 상징이었던 돔 모양의 지붕을 얹은 프라우엔 교회도 원래와 똑같은 모습으로 다시 지어졌어요.

▼ 프라우엔 교회는 1945년 이후 완전히 망가져 버렸답니다.

AFTER

▼ 프라우엔 교회는 2004년에서 2005년 사이에 제모습을 완전히 되찾았어요.

BEFORE

▼ 신전과 동상을 여러 개의 돌조각으로 나누었는데, 어떤 조각은 무게가 30톤이나 나갔답니다.

AFTER

▶ 새로운 장소로 옮겨진 이 신전은 이제 안전하답니다. 유네스코(유엔교육과학문화기구)의 엔지니어와 고고학자들이 이 엄청난 일을 해냈지요.

아부심벨 이야기

이집트 남부의 나일강 계곡에는 기원전 1224년에 완성된 거대한 신전이 우뚝 솟아 있었어요. 한 쌍으로 이뤄진 이 신전은 이집트의 파라오 람세스 2세와 그의 부인 네페르타리에게 바쳐진 것이었지요. 그런데 1950년대에 이집트 남동부의 아스완 지역에 새로운 댐을 짓기로 한 거예요. 댐을 건설할 경우 나일강의 수위가 높아져 이 '아부심벨' 사원은 물에 잠길 수밖에 없었어요. 무슨 조치든 얼른 취해야만 했지요. 그래서 1963년부터 1968년까지 신전 전체를 여러 조각으로 분리해 더 안전한 곳으로 옮기고 다시 만들었답니다.

타임머신

우리는 사라진 도시들에 가 보거나 보물을 발견할 수는 없지만, 그 지역의 역사적 유적지나 박물관, 미술관 등은 얼마든지 방문할 수 있어요. 이런 곳들은 교육, 연구, 보존, 토론의 중심지 역할을 한답니다. 미술관이나 박물관의 전시 책임자인 큐레이터와 기록물 관리 전문가(아키비스트)는 실제 물건들로 과거의 모습을 재현해 놓기도 하고, 몇백 년 또는 몇천 년 전에 사람들이 사용했던 놀라운 유물들을 전시해 놓기도 해요.

▶ 1927년에 미국의 비행사 찰스 린드버그는 '스피릿 오브 세인트루이스'를 타고 세계 최초로 대서양을 횡단했어요. 이 비행기는 미국 워싱턴주에 있는 국립 항공 우주 박물관에 놓여 있답니다.

아이디어의 보물 창고

디자이너들은 과거의 다양한 패션에서 아이디어를 얻기도 해요. 전 세계 많은 박물관들에는 역사적인 의복과 무대 의상, 섬세한 장식품들이 전시되어 있어요.

▲ 이 정교한 태피스트리(색을 넣은 실로 옷감을 짜듯 그림을 짠 것)는 파리의 프랑스 국립 중세 박물관에 있어요.

세상 모든 곳에서 가져온 보물

세계적으로 가장 유명한 박물관들로는 프랑스 파리의 루브르, 미국 뉴욕의 메트로폴리탄, 영국 런던의 대영 박물관, 스미소니언 박물관(미국 워싱턴 D.C.에 19개가 있어요) 등이 있어요. 이곳을 가득 채우고 있는 역사적인 보물들은 전 세계 곳곳에서 가져온 것이랍니다. 박물관을 방문한 사람들에게는 엄청난 볼거리이긴 하지만, 이것들은 국제적인 문제가 될 수도 있어요. 다른 나라에서 가져온 보물들을 원래 있었던 곳으로 돌려보내야 한다고 생각하는 사람들도 있으니까요.

▲ 1851년에 빅토리아 여왕이 입었던 예복이에요. 영국 런던에 있는 버킹엄 궁전의 퀸스갤러리에 전시되어 있답니다.

바다의 모든 것

스페인의 바르셀로나에 있는 중세의 왕립 조선소는 화려한 갤리언(고대 그리스·로마 시대의 배)부터 고기잡이배까지 역사적인 배들이 전시된 해양 박물관이에요. 다른 박물관들과 마찬가지로 이곳도 재미있는 이야기를 많이 들려준답니다. 바닷길 찾기, 항해술, 정치, 무역, 경제 상황 등 해양을 둘러싼 흥미진진한 역사 이야기가 가득하지요.

▼ 돈 후안의 '로열 갤리'(1568)라는 배의 복제품이에요. 오스트리아의 돈 후안은 그리스의 레판토 항구 앞바다에서 기독교 연합함대와 오스만 제국이 맞붙은 '레판토 해전'을 승리로 이끈 총사령관이었답니다.

토템폴

인류학 박물관에서는 옛날 사람들이 어떻게 살았고 어떤 문화를 가지고 있었는지 알 수 있어요. 이 토템폴(종교적 의미를 담은 기둥 모양의 나무 조각품)은 아메리카 인디언의 한 부족인 하이다족이 만든 거예요. 캐나다에 있는 브리티시컬럼비아 대학교가 소장하고 있지요. 1800년대에 키가 큰 나무 조각품들은 힘과 권위, 부족을 상징했답니다.

◀ 소수 민족의 전통적 공예품들은 지금도 여전히 많은 예술가들과 조각가들에게 아이디어의 원천이 되어 준답니다.

▲ 독일 베를린에 있는 페르가몬 박물관에서 복원한 고대 바빌론의 '행렬의 길'(기원전 575년경)이에요.

건축물에 담긴 역사

굉장한 건축물들도 우리 인류의 과거를 드러내 보여 준답니다. 선사 시대의 기념비적인 건축물부터 왕과 귀족의 호화로운 거주지까지 역사적으로 중요한 건축물들의 세계를 탐험해 볼까요?

놀라운 거석들	80
피라미드의 힘	82
놀라운 랜드마크들	84
돌로 만든 도시	86
만리장성	88
세계를 잇는 다리	90
로마의 볼거리	92
성스러운 지혜	94
구름 속 도시	96
성스러운 사원	98
경외와 감탄	100
십자군의 성	102
어마어마하게 큰 동상	104
마야의 걸작들	106
러시아의 요새	108
무굴 제국의 위엄	110
베르사유 궁전	112

▼ 고대 그리스의 최대 도시 아테네는 아름다운 파르테논 신전의 본고장이에요. 눈길을 사로잡는 이 건축물은 기원전 447년에서 기원전 432년 사이에 세워졌답니다. 금과 대리석으로 만든 높이 15미터의 아테나 여신의 동상이 거주했던 공간이지요. 아테나는 아테네를 지켜주는 여신, 즉 수호신이랍니다.

놀라운 거석들

서유럽 여기저기에는 땅 위에 세워 놓은 기념물과 거대한 돌들이 많이 있어요. 일명 '거석'이라고 불리는 것들이지요. 눈길을 사로잡는 이러한 구조물들 중 일부는 약 5000년 전인 석기 시대로까지 거슬러 올라간답니다. 마땅한 도구도 거의 없던 시절에 어떻게든 이 거대한 돌들을 멀리까지 끌어왔던 거예요. 그들이 왜 이런 것들을 만들었는지는 확실히 알 수 없지만, 기념할 만한 일이나 종교적으로 중요한 의미가 있었던 것으로 보여요.

▼ 이 스톤헨지를 세우는 작업은 기원전 2600년경에 시작되어 1000년 넘게 계속되었답니다.

신기한 스톤헨지

영국 월트셔주의 솔즈베리 근처 평원 한가운데 우뚝 서 있는 스톤헨지는 세계에서 가장 눈에 띄는 구조물 중 하나랍니다. 이 신비한 구조물 한가운데는 43개의 돌기둥이 말굽 모양으로 늘어서 있어요. 그리고 그 주위로 30개의 돌이 더 큰 원을 이루며 세워져 있지요. 서 있는 돌들 위에는 평평한 돌을 걸쳐서 고리 모양을 이루고 있고요. 이 돌들 중에는 아주 거대한 것도 있는데, 그 높이가 최대 4.1미터, 무게는 약 25톤에 달한답니다. 이 돌들은 241킬로미터 정도 떨어진 사우스웨일스의 프레셀리 언덕에서 이곳까지 끌고 온 것으로 추정되지요.

수수께끼의 스톤헨지

스톤헨지를 왜 만들었는지에 대해서는 여러 의견이 있어요. 신을 위한 신전일 수도 있고 죽은 사람들을 기리기 위한 것일 수도 있지요. 혹은 잉글랜드에서 전쟁을 벌이던 부족들이 통합을 이루면서 그 상징으로 세운 것일 수도 있어요. 이런 어마어마한 구조물을 만들려면 서로 다른 많은 사람들이 힘을 합쳐야만 했을 테니까요. 최근에는 이곳이 대규모 치유 공간이었을 것이라는 주장도 있었어요. 스톤헨지를 만드는 데 사용된 프레셀리의 돌들은 천연 샘 근처에서 가져온 것인데, 그래서 사람들은 병이 낫기를 바라며 스톤헨지를 찾았을 수도 있다는 거예요.

▲ 스톤헨지는 오랫동안 종교적으로 중요한 의미를 지닌 중심지였어요. 스톤헨지가 생겨난 이후로 지금까지 드루이드교도와 같은 종교 집단들이 이곳에 모여 특별한 의식을 치러 왔답니다.

스톤헨지 근처에는 63명의 남성, 여성, 어린아이의 뼈조각 5만 개가 묻혀 있었어요. 하지만 그들이 누구인지는 여전히 미스터리로 남아 있답니다.

▶ 고대의 거대 무덤인 '뉴그레인지'는 겨울철 태양빛과 관련된 종교적 의미를 지녔던 것으로 보여요.

가장 오래된 커다란 무덤

아일랜드 동부의 미드주에 있는 거대한 무덤 '뉴그레인지'는 스톤헨지와 이집트의 피라미드보다 500년이나 더 오래된 거예요. 전 세계에서 제일 오랫동안 살아남은 건축 작품이지요. 어마어마한 크기의 이 동그란 고분(고대에 만들어진 무덤)은 기원전 3200년경 돌과 흙을 여러 층으로 쌓아서 만든 거예요. 높이는 12미터, 폭은 76미터에 이르고 면적은 4500제곱미터에 달한답니다.

뉴그레인지의 안쪽

고분의 남서쪽에는 길이 20미터에 조금 못 미치는 통로가 십자 모양의 무덤 안쪽까지 이어져 있어요. 이 안쪽 공간은 돌로 만든 높이 6미터의 지붕으로 덮여 있어서 5000년이 넘도록 건조한 상태가 유지되고 있지요. 이 지역에서 1년 중 낮이 가장 짧은 날(동지)인 12월 21일 아침 8시 58분이 되면, 가느다란 햇살이 통로로 들어와 벽에 새겨진 소용돌이 문양을 비춘답니다.

▼ 가느다란 햇살이 어떻게 고분에 들어와 무덤 끝의 벽을 비추는지 보여 주는 그림이에요. 1년에 딱 한 번 볼 수 있는 장면이지요.

옆에서 본 그림
지붕을 이루는 돌
입구의 돌
동짓날 햇빛이 지나는 길
그릇 모양의 돌
입구 주변의 돌
통로
무덤방
위에서 본 그림

▼ 스코틀랜드의 제임스 밀른과 프랑스 출신의 조수 자카리 르 루지크가 1860년대에 처음으로 이 돌의 개수를 세기 시작했어요.

줄을 서시오!

프랑스 브르타뉴 지방의 카르나크 마을에 서 있는 돌들도 그야말로 굉장히 인상적이에요. 11줄로 세워진 1100개의 멘히르(서유럽에서 주로 볼 수 있는 선사 시대의 거석 구조물)가 1165미터에 걸쳐 늘어서 있거든요. 그중에는 높이 4미터에 이르는 거대한 돌도 있고요. 거기에서 멀지 않은 다른 곳에도 1029개의 돌이 10줄로 세워져 있는데, 그 길이가 대략 1300미터나 된답니다. 그 근처에는 555개의 돌로 이루어진 더 작은 규모의 돌 무리가 있고, 단독으로 세워 놓은 고인돌들과 고분들도 여러 개 있어요. 이곳에는 다 합쳐서 3000개가 넘는 거석이 있는데, 모두 기원전 3300년경 이 지역의 석기 시대 사람들이 세운 것이랍니다. 이 돌들은 지진이 일어날 조짐을 일찌감치 알아채려는 용도였던 것으로 보여요. 당시 이 지역에서는 지진이 자주 발생했거든요.

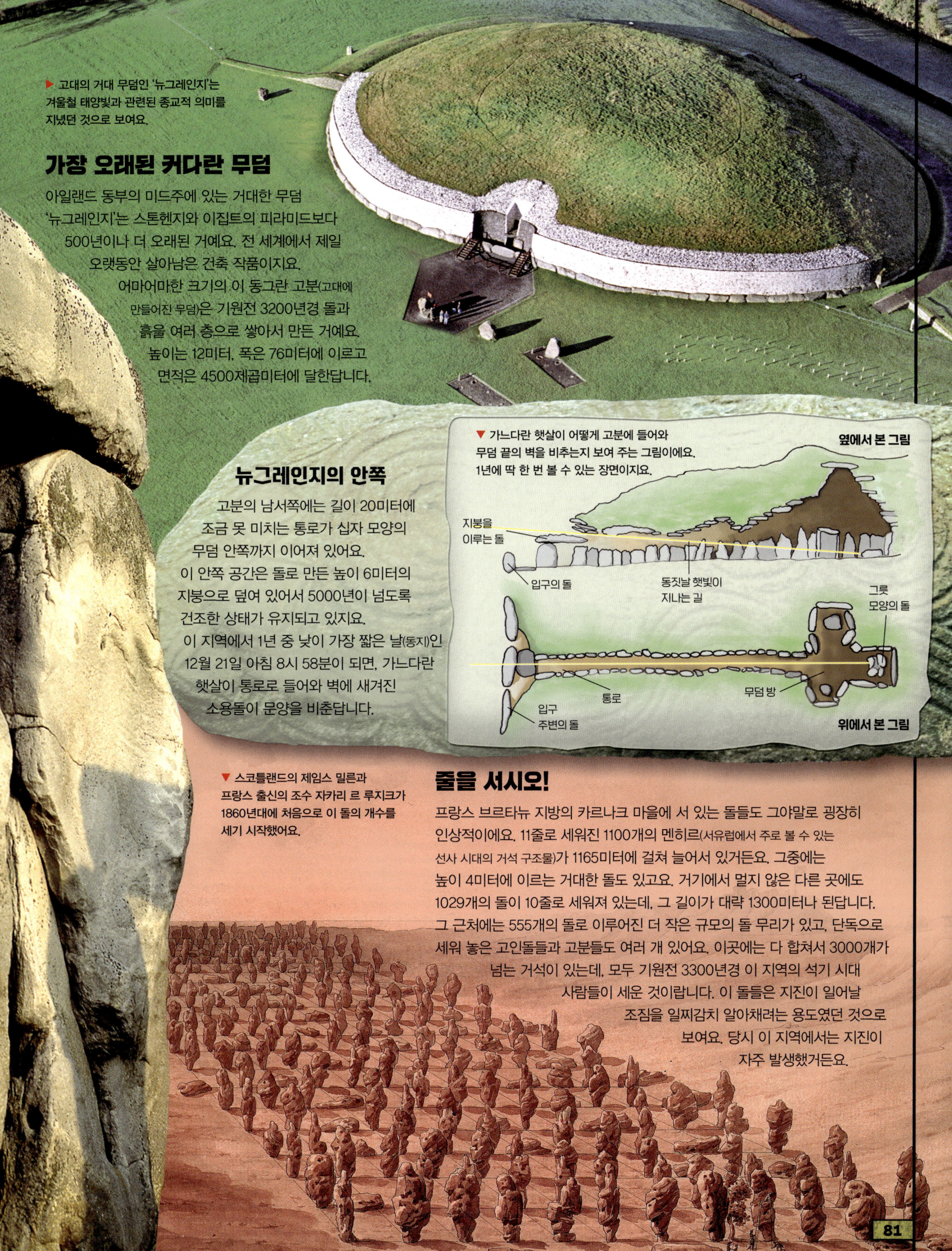

피라미드의 힘

이집트의 수도 카이로의 서쪽 사막에는 '그레이트 피라미드'가 우뚝 서 있어요. 3800년이 넘도록 사람이 만든 가장 높은 건축물로 남아 있던 이 피라미드는 그 지역을 다스리던 파라오가 죽은 뒤 그의 몸을 모셔 두기 위해 만든 거예요. 이 거대한 피라미드를 짓기 위해 수천 명의 일꾼들이 땡볕 아래에서 20년간 힘겨운 노동에 시달렸답니다.

힘의 상징

'그레이트 피라미드'는 카이로 근처의 기자 지역에 있는 3개의 피라미드 중 제일 크고 오래된 거예요. 기원전 2585년에서 기원전 2566년 사이 이집트를 다스렸던 파라오 쿠푸를 위해 만들어졌지요. 쿠푸는 이전 파라오들의 무덤보다 자기 무덤이 더 크고 멋지기를 바랐어요. 이 피라미드는 원래 높이가 146.3미터에 달했지만, 세월이 흐르면서 조금씩 깎여 나가 지금은 136미터랍니다. 또한 놀랍게도 약 230만 개의 석회암 덩이로 이루어져 있지요. 이것을 짓는 데 20년이 걸렸으니, 여기에 동원된 일꾼들은 시간마다 12개의 석회암 덩이를 쌓아야 했을 테고, 하루에 총 812톤의 돌덩이를 옮겨야 했을 거예요.

무덤 만들기

그레이트 피라미드를 건설한 수천 명의 일꾼들을 지휘 감독한 사람은 '헤미우누'라는 인물이에요. 헤미우누는 '왕의 모든 일을 관리하는 책임자'라는 직책을 맡고 있었답니다. 그는 이 커다란 건물을 어디에 지을지, 어떻게 만들지를 결정했어요. 그리고 돌을 어디에서 어떻게 캐 올지부터 일꾼들이 머무를 거처를 마련하는 문제까지 이 어마어마한 계획의 모든 것을 관리했지요. 일꾼들이 피라미드 위로 어떻게 돌을 끌어올렸는지 정확히는 알 수 없지만, 밧줄과 굴림대가 있는 경사로를 이용해 돌을 끌거나 굴려서 옮겼을 거예요. 아주 힘든 노동은 당연했을 거고요.

▲ 그레이트 피라미드를 만드는 데 쓰인 돌덩이 하나만 해도 무게가 다 큰 코끼리 2마리 반에 맞먹는 정도였어요.

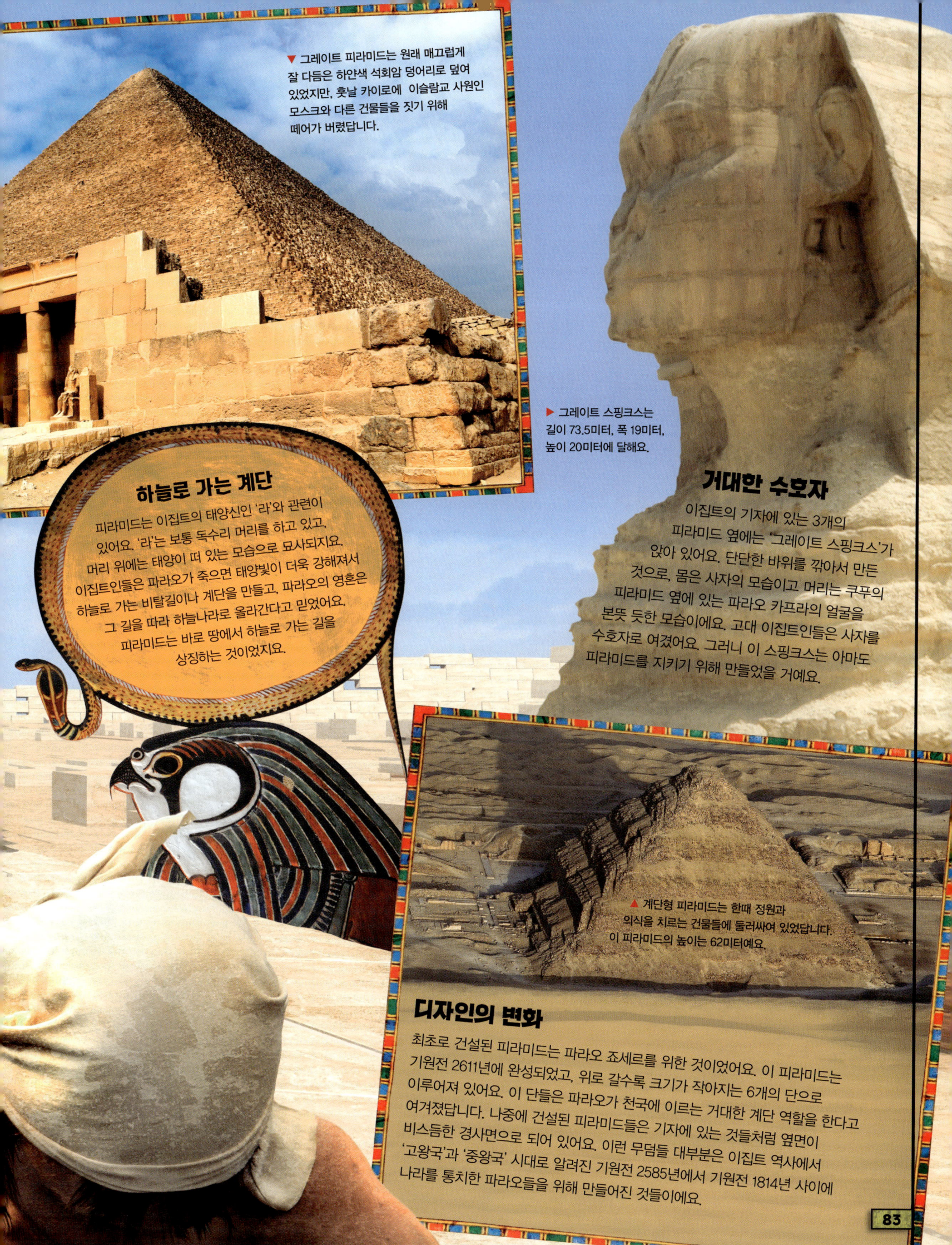

▼ 그레이트 피라미드는 원래 매끄럽게 잘 다듬은 하얀색 석회암 덩어리로 덮여 있었지만, 훗날 카이로에 이슬람교 사원인 모스크와 다른 건물들을 짓기 위해 떼어가 버렸답니다.

▶ 그레이트 스핑크스는 길이 73.5미터, 폭 19미터, 높이 20미터에 달해요.

하늘로 가는 계단

피라미드는 이집트의 태양신인 '라'와 관련이 있어요. '라'는 보통 독수리 머리를 하고 있고, 머리 위에는 태양이 떠 있는 모습으로 묘사되지요. 이집트인들은 파라오가 죽으면 태양빛이 더욱 강해져서 하늘로 가는 비탈길이나 계단을 만들고, 파라오의 영혼은 그 길을 따라 하늘나라로 올라간다고 믿었어요. 피라미드는 바로 땅에서 하늘로 가는 길을 상징하는 것이었지요.

거대한 수호자

이집트의 기자에 있는 3개의 피라미드 옆에는 '그레이트 스핑크스'가 앉아 있어요. 단단한 바위를 깎아서 만든 것으로, 몸은 사자의 모습이고 머리는 쿠푸의 피라미드 옆에 있는 파라오 카프라의 얼굴을 본뜬 듯한 모습이에요. 고대 이집트인들은 사자를 수호자로 여겼어요. 그러니 이 스핑크스는 아마도 피라미드를 지키기 위해 만들었을 거예요.

▲ 계단형 피라미드는 한때 정원과 의식을 치르는 건물들에 둘러싸여 있었답니다. 이 피라미드의 높이는 62미터예요.

디자인의 변화

최초로 건설된 피라미드는 파라오 죠세르를 위한 것이었어요. 이 피라미드는 기원전 2611년에 완성되었고, 위로 갈수록 크기가 작아지는 6개의 단으로 이루어져 있어요. 이 단들은 파라오가 천국에 이르는 거대한 계단 역할을 한다고 여겨졌답니다. 나중에 건설된 피라미드들은 기자에 있는 것들처럼 옆면이 비스듬한 경사면으로 되어 있어요. 이런 무덤들 대부분은 이집트 역사에서 '고왕국'과 '중왕국' 시대로 알려진 기원전 2585년에서 기원전 1814년 사이에 나라를 통치한 파라오들을 위해 만들어진 것들이에요.

놀라운 랜드마크들

유명한 도시들에는 역사적으로 중요한 건축물이나 눈에 띄는 빌딩 등의 랜드마크가 있어요. 이런 랜드마크들로는 거대한 궁전과 성전, 또는 눈길을 사로잡는 문이나 높은 탑들이 있지요. 그중에서도 특히 깊은 인상을 안겨 주는 기념물들은 그 놀라운 건축술을 눈으로 만끽하려거나 역사적 위상을 직접 확인하려는 많은 여행객들을 끌어들인답니다.

파르테논

고대 그리스의 신전인 파르테논은 그리스 수도 아테네 한복판의 아크로폴리스(바위가 많은 언덕 꼭대기)에 서 있어요. 이것은 지혜와 전쟁의 여신 아테나에게 바친 건물로 기원전 438년에 완성되었답니다. 한 변이 69.5미터, 다른 한 변은 31미터에 이르는 직사각형 모양의 이 성전은 돌기둥으로 둘러싸여 있고, 원래는 경사가 완만한 지붕이 얹혀 있었어요. 이후 시간이 흐르면서 금고, 기독교 교회, 이슬람교 사원인 모스크 등 여러 용도로 사용되었답니다.

알람브라

스페인 남쪽 숲이 우거진 언덕에 자리한 '알람브라'는 세계에서 가장 멋진 궁전 중 하나라고 할 수 있어요. 원래는 889년에 군사 요새로 쓰려고 지어졌지만, 1333년에 그라나다의 술탄(이슬람 국가의 군주)이었던 유세프 1세가 호화로운 궁전으로 바꾸었지요. 성벽 안쪽에는 아름답게 장식된 방과 홀이 있고, 여름철에 성을 시원하게 해 주는 정원과 분수, 연못도 있답니다.

앨커트래즈 섬

미국 캘리포니아주 샌프란시스코의 앞바다에는 악명 높은 랜드마크가 있답니다. 바로 '앨커트래즈섬'이에요. 지금은 여행객들이 즐겨 찾는 명소가 되어 있지만, 한때는 미국 최악의 범죄자들이 갇혀 있던 감옥이었어요. 이 섬과 육지 사이에는 차갑고 위험한 바다가 있어서 섬이 거의 고립되어 있으며, 무엇보다도 탈출하기가 굉장히 어려웠답니다.

WORLD GUIDES

브란덴부르크 문

독일의 베를린 한복판에는 웅장한 '브란덴부르크 문'이 우뚝 서 있답니다. 1791년에 공개된 이 구조물은 높이 20미터, 폭 65미터, 길이는 11미터예요. 제2차 세계 대전(1939~1945) 때 도시에 폭탄이 쏟아지던 와중에도 이 문은 무너지지 않고 살아남았지요. 1961년 이후에는 베를린을 동서로 갈라놓았던 베를린 장벽의 한 부분을 이루기도 했어요. 이 장벽은 1989년에 무너졌고, 오늘날에는 하나로 다시 통합된 도시의 상징으로 여겨진답니다.

WORLD GUIDES

빅벤

영국 런던의 국회 의사당과 잇닿아 있는 이 탑은 '빅벤'이라는 이름으로 잘 알려져 있어요. 하지만 진짜 이름은 아니랍니다. 원래는 '시계탑'이라고 부르다가 2012년에 엘리자베스 타워로 이름이 바뀌었지요. 빅벤은 이 탑 안에 있는 커다란 종을 말해요. 이 탑이 세계적인 유명세를 얻게 된 제일 큰 이유는, 종소리로 시간을 알리며 4개의 벽면을 장식하는 시계 덕분일 거예요.

WORLD GUIDES

에펠탑

1889년에 프랑스 파리에서 국제 박람회(만국 박람회)가 열렸어요. 이때 파리를 방문한 많은 사람들에게 선보이기 위해 철로 된 높은 아치형의 에펠탑이 지어졌답니다. 이 어마어마한 구조물은 1930년에 미국 뉴욕에 크라이슬러 빌딩이 들어서기 전까지 41년간 세계에서 가장 높은 건축물이었어요. 1957년에 에펠탑은 5.2미터가 추가되어 324미터가 되었어요. 꼭대기에 안테나를 달았거든요.

WORLD GUIDES

자금성

중국의 베이징에는 '자금성'이라는 엄청나게 큰 왕궁이 있어요. 황제의 궁궐로, 황제와 그 가족이 살았지요. 1406년에서 1420년 사이에 지어진 이 자금성 안에는 980개의 건물이 있고 면적이 무려 72만 제곱미터에 이른답니다. 여러 개의 정원과 사원, 궁전과 다리를 짓기 위해 100만 명이 넘는 일꾼이 동원되었지요.

돌로 만든 도시

중동 지역에 위치한 요르단의 붉은 사암(모래가 굳어서 만들어진 돌) 언덕 속에는 '페트라'라는 아름다운 도시가 숨겨져 있답니다. 이웃에는 단단한 사암을 뚫어서 만든 궁전과 사원, 집과 가게, 극장, 무덤 들이 들어차 있어요. '페트라'라는 이름의 이 고대 도시는 이렇게 유목민인 나바테아인들이 건설한 거예요. 기원전 1세기부터 사막을 오가며 무역을 했던 나바테아 부족이 풍족한 생활을 누렸답니다. 그들은 페트라를 부족의 수도로 삼고, 안정적인 물 확보를 위해 근처의 강에 댐을 만들기도 했어요.

무덤

페트라에는 단단한 바위를 파서 만든 무덤 수백 개가 있어요. 이들 무덤은 대부분 정면에 정교하게 깎아서 만든 기둥과 아치, 특징적인 건축 양식의 작은이 있어서 마치 진짜 집처럼 보인답니다. 그중에는 광장히 거대한 무덤도 있는데, 아마도 만드는 데 엄청 힘들었을 거예요.

▶ 궁전의 무덤은 페트라에서 제일 큰 건축물 중 하나예요.

도시로 들어가는 길

페트라로 들어가려면 시크('수직 통로'라는 뜻에요)라는 좁은 골짜기를 지나야 해요. 이 골짜기는 자연적으로 형성된 단층으로, 높이 180미터나 되는 언덕 사이로 구불구불 이어져 있는데 폭이 겨우 3~4미터밖에 안 되는 곳도 있답니다. 무역상들은 신크와 한신도 등 동양에서 가져온 값나가는 물건들을 가지고 시크를 통해 페트라에 들어가 거래를 하거나 다른 물건과 맞바꿨어요.

고대의 극장

로마식으로 설계된 돌로 된 극장에는 단단한 바위를 잘라서 만든 33줄의 관람석이 있어요. 그 맞은편에는 흙더미 넘어 무대가 부서져 있고요. 이섬에도 여기에서 어떤 공연을 했는지는 알려져 있지 않아요.

▶ 원을 반으로 자른 모양의 이 극장은 페트라에서 제일 유명한 건축물 가운데 하나랍니다.

▶ 알 카즈네의 꼭대기에는 돌로 만든 독수리 40마리가 있어요. 나바테아 부족은 이 독수리들이 알 카즈네 안에 묻힌 죽은 사람들의 영혼을 데려간다고 믿었답니다.

아름다운 건물

페트라에서 가장 이름다운 건축물 중 하나로 꼽히는 알 카즈네는 죽은 사람을 위한 무덤이에요. 알 카즈네는 아랍어로 '금고'라는 뜻이랍니다. 한 전설에 따르면 이곳에 강도들이 훔친 물건을 알 카즈네의 정문 위에 있는 돌항아리 안에 숨겨 두었다고 해요. 그런데 항아리 모양의 이 돌항아리는 속까지 단단한 사암으로 되어 있기 때문에 여기에 무언가를 넣어 두기란 불가능했을 거예요.

▶ 페트라를 방문하는 사람들은 지금도 시크를 따라 걸어갈 수 있어요. 길고 구불구불한 통로를 지나면 고대 도시가 나타난답니다.

87

만리장성

중국의 북쪽에는 평야와 언덕을 가로질러 길게 뻗어 있는 것이 있는데, 바로 적의 침입을 막기 위한 놀라운 방어 시설이랍니다. 그 전체를 다 합쳐서 이른바 '만리장성'이라고 하지요. 일부분은 돌을 쌓아 올렸고 대부분은 흙무더기로 되어 있어요. 또 절벽이나 강처럼 자연적으로 형성된 경계선이나 땅을 파서 만든 구덩이로 이루어진 곳도 있어요. 이 전체를 통틀어 세계 최대의 건축상 불가사의 중 하나로 꼽는답니다.

만리장성의 연대표

기원전 770~221년	초나라 때와 전국 시대에 몇몇 지역에서 장벽을 쌓음
기원전 221~210년	중국의 첫 황제인 진시황 때 첫 '만리장성'이 완성됨
기원전 202년~ 기원후 6년	한나라 때 중국의 서쪽으로 만리장성이 확장됨
220~1127년	수나라, 당나라, 송나라가 이어지는 동안 여러 지역에서 장벽을 쌓음
907~1234년	중국의 자치구 중 하나인 내몽골 지역에 많은 수의 장벽과 망루를 건설함
1368~1644년	명나라 때 돌과 벽돌로 장벽을 다시 쌓음

방어가 필요해

오랜 옛날에 중국은 북쪽에 사는 다른 민족으로부터 자주 위협을 받았답니다. 당시 중국은 여러 나라로 쪼개져 있었고, 각 나라들은 자체적으로 영토를 지키기 위해 나름대로 성벽을 쌓았어요. 그러다 기원전 221년에 중국 최초의 황제인 진시황이 중국을 통일하면서 이 성벽들도 서로 이어졌지요. 이렇게 새로 생겨난 성벽의 일부는 돌을 쌓아 올렸고, 다른 부분은 흙으로 만들었어요. 그 뒤로도 성벽은 계속 길어졌고, 많은 부분을 돌과 벽돌로 다시 지어 올렸어요. 오늘날 우리가 알고 있는 '만리장성'은 이런 과정을 거쳐 비로소 지금의 모습이 되었답니다.

▶ 만리장성은 중국의 북쪽 국경을 따라 뱀처럼 구불구불 이어져 있어요. 이것은 나라를 보호하기 위해 만든 것이지만, 소통과 무역을 위한 통로로도 쓰였답니다.

황제 중의 황제

진왕은 기원전 246년에 진나라의 왕위에 올랐어요. 이후 중국 내 다른 나라들을 하나하나 정복해 나갔지요. 그리고 기원전 221년 중국을 통일하고 첫 황제가 되었답니다. 그는 스스로 '진시황제'라는 칭호를 정하고 강력한 통치력을 행사했어요. 진시황제는 만리장성을 다시 쌓아올리고, 도로와 운하 체계를 만들기 시작했으며, 나라마다 달랐던 화폐와 도량형(길이, 부피, 무게 등의 단위를 재는 법)을 통일했어요. 기원전 210년에 그가 세상을 떠났을 때는 저승에서도 그를 지켜 줄 병사들을 흙으로 빚어 함께 땅 아래 묻었답니다.

◀ 중국 최초의 황제는 강력하고도 잔인한 통치자였어요. 금지된 책을 가지고 있었다는 이유로 460명의 학자들을 산 채로 땅에 묻어 버리라는 명령을 내린 적도 있어요.

어떻게 만들었을까?

진흙투성이의 평평한 곳에 만리장성을 만들어야 할 때는 흙을 다져서 성벽을 쌓는 '판축'이라는 방법을 이용했어요. 우선 모래나 석회, 자갈을 섞은 흙을 널빤지 사이에 붓고 긴 막대기로 평평하게 잘 다져요. 이 첫 번째 층의 흙이 다 마르면 그 위에 계속해서 다음 층을 올리는 방식이지요. 성벽을 다 쌓고 나면 널빤지를 치워 버리고 작업을 마무리해요.

우주에서도 만리장성이 보인다는 말이 있는데, 별 근거가 없는 소리랍니다. 만리장성이 길기는 하지만 그 폭은 좁은 도로 정도밖에 안 되거든요.

◀ 만리장성을 쌓기 위해 일꾼들은 수년간 힘들게 일했어요. 성벽을 다 쌓고 나면 병사들은 적군의 움직임을 살피기 위해 성벽을 따라 오가며 망을 보았지요. 필요할 때는 지원군을 부르기 위해 연기로 신호를 보내기도 했고요.

만리장성의 길이는?

전문가들은 만리장성이 매우 길다는 것에는 모두 동의하지만, 실제 길이가 얼마나 되는지에 대해서는 의견이 갈릴 때가 많아요. 만리장성은 많은 부분으로 나뉘어 있고, 여기에 도랑이나 다른 방어 수단까지 있다 보니 정확한 전체 길이를 알기 어렵거든요. 최근의 한 조사에 따르면 전체 길이가 2만 1195킬로미터로 측정되었다고 해요. 미국의 동쪽 끝에서 서쪽 끝까지의 길이보다 다섯 배나 긴 거리지요. 명나라 때 만든 성벽이 8850킬로미터였는데, 이 가운데는 언덕이나 강과 같은 자연적인 방어벽이 2322킬로미터, 그리고 359킬로미터는 땅을 파서 만든 도랑이었다고 해요.

▼ 만리장성의 여러 부분은 여전히 상태가 좋아서 직접 가서 둘러볼 수도 있어요.

세계를 잇는 다리

예로부터 줄곧 사람들은 물을 건너고 물길을 관리할 필요가 있었어요. 그 결과 인상적인 다리들이 줄줄이 만들어졌지요. 많은 다리들은 엄청난 규모로 감탄을 자아내요. 그런가 하면 디자인과 건축 기술의 독창성으로 시선을 사로잡는 다리들도 있고, 그야말로 아름답다는 이유만으로 유명해진 다리도 있답니다.

탄식의 다리, 이탈리아

이 유명한 다리는 1602년에 베니스의 좁은 운하(사람이나 물건을 실어 나르기 위해 만든 인공 수로) 위에 만들어졌고, 하얀 대리석으로 완전히 둘러싸여 있답니다. 다리의 한쪽 면에는 수석 치안판사실이 있어서 범죄자로 의심을 받는 피의자들은 그곳에서 조사를 받았어요. 만약 범죄 사실이 드러날 경우 다리 건너에 있는 '새 감옥'으로 보내졌지요. 이 다리를 건너는 죄수들은 베니스를 마지막으로 둘러보며 절망감에 탄식을 내뱉었다고 해요.

올드 런던 브리지, 영국

런던의 템스강 위로는 2000년 전부터 다리가 놓였어요. 그 가운데 가장 유명한 다리 중 하나가 '올드 런던 브리지'랍니다. 다리를 짓는 데 33년이 걸렸고 비용이 너무 많이 드는 바람에 1209년에 다리가 완공되었을 때 존 왕은 사람들이 건물을 지을 수 있게 다리 위 공간을 팔아야 했어요. 그렇게 지어진 건물 중에는 높이가 7층이나 되는 것도 있었고, 다리를 가로지르는 도로 밖까지 삐져나온 건물도 있었답니다.

브루클린 브리지, 미국

1883년 5월 24일 뉴욕시의 브루클린 브리지가 개통되었어요. 얼마 안 되어 이 다리가 무너질 수도 있다는 우려가 제기되었고, 코끼리 21마리가 줄지어 다리를 건너는 모습을 보여 주며 다리가 안전하다는 것을 입증했지요. 브루클린 브리지는 강철로 만든 줄로 다리를 지탱하는 세계 최초의 현수교였어요. 이 다리는 길이가 1825미터로, 20년간 '세계에서 가장 긴 현수교'의 자리를 지켰답니다.

골든게이트 브리지(금문교), 미국

캘리포니아의 샌프란시스코만과 태평양을 잇는 골든게이트 해협은 다리를 놓기에 너무 위험하다고 여겨졌어요. 하지만 위험한 상황이 왕왕 발생하는 가운데 4년간 공사를 이어간 끝에 1937년 6차선 도로의 강철 현수교가 결국 개통되었답니다.

▼ 프랑스에 있는 퐁 뒤 가르(가르교)는 3층으로 된 아치형 다리로, 로마 제국이 만든 수도교(하천이나 도로 등의 위를 건너는 상하수도를 받치기 위해 만든 다리) 중에 제일 높아요.

퐁 뒤 가르는 5만 4000톤의 석회암으로 지어졌는데, 이 돌덩이 중에는 1개에 최대 6톤에 달하는 것도 있어요.

하버 브리지, 오스트레일리아

1924년에 한 영국 회사와 다리 공사 계약을 맺기 전까지 시드니에는 항구를 가로지르는 다리가 하나도 없었어요. 강철 아치형으로 단순하게 설계된 이 다리에는 6차선 도로와 4개의 철도, 트램 트랙, 2개의 인도를 놓기로 했어요. 1932년 3월 19일에 개통된 하버 브리지는 현재까지 가장 높은 강철 아치형 다리로, 폭 49미터, 높이 134미터, 길이 1149미터랍니다.

퐁 뒤 가르, 프랑스

◀ **로마 제국의 천재성**

서기 40년경 로마 제국의 기술자들은 위제스(프랑스 남부 프로방스 근처 소도시)에 있는 샘에서 님(프랑스 남부 지중해 연안에 있는 도시)까지 물을 끌어오기 위해 265킬로미터 길이의 수로를 짓기로 했어요. 그런데 가르돈강으로 인해 이 수로가 가로막혀 버렸어요. 로마의 기술자들은 49미터 높이의 3층짜리 아치형 구조가 떠받치는 360미터 길이의 수도교를 만들어 이 문제를 해결했답니다. 이 다리가 완성되고 나서는 날마다 약 20만 세제곱미터의 물을 끌어와 님에 있는 분수와 목욕탕, 욕조에 채울 수 있었지요.

로마의 볼거리

고대 도시 로마에서는 심심할 틈이 없었어요. 시민들이 푹 빠져 지낼 수 있는 다양한 즐길거리를 황제가 듬뿍 마련해 주었거든요. 당시 로마에는 커다란 경기장 2개가 있었답니다. 하나는 '콜로세움'으로, 이곳에서는 검투사(칼을 들고 싸우는 사람)들이 대결을 펼치고 사나운 동물들이 죽임을 당했어요. 그리고 다른 하나는 '키르쿠스 막시무스'라는 타원형 경기장으로, 여기서는 말이 끄는 전차들이 경주를 벌였답니다.

키르쿠스 막시무스 제공

전차 경주가 열리는 날

- 일요일 낮 12시
- 무료 입장!

엄청 큰 경기장!

지금까지도 '키르쿠스 막시무스'는 여태껏 지어진 스포츠 경기장 중 최대 규모의 자리를 유지하고 있어요. 한 번에 25만 명의 관객을 수용할 수 있었거든요. 황제가 소유한 4개의 팀(홍팀, 백팀, 녹색팀, 청팀) 전차들은 트랙을 일곱 바퀴 돌아서 총 8킬로미터 정도에 이르는 경주를 벌였어요. 직선 구간이 끝나고 급하게 꺾이는 부분은 특히 위험했답니다. 전차끼리 부딪히는 사고도 많았고 심각한 부상을 입는 경우도 허다했지요.

짜릿한 경주!

대개는 여러 마리의 말이 가벼운 전차를 끌었지만 간혹 낙타나 코끼리가 말 대신 전차를 끌 때도 있었어요. 마차를 모는 경주자들은 전차에서 떨어지지 않으려고 고삐를 허리에 돌돌 감았어요. 그리고 날카로운 단검도 가지고 있었는데, 전차가 뒤집혀 그 안에 갇혔을 때 탈출하기 위한 용도였지요.

전차를 모는 경주자들은 헬멧은 썼지만 그 외 다른 보호 장비는 걸치지 않았어요. 엄청난 속도로 트랙을 돌아야 했는데도 말이에요.

타원형 경기장은 길이 545미터, 폭은 140미터에 달했답니다.

계단형으로 줄지어 배열된 관중석은 통로로 구역이 나뉘어 있었어요.

트랙을 나누는 구역인 가운데의 '스피나'를 따라 여러 가지 성스러운 건축물이나 기념물들이 세워져 있었어요.

경주가 열리는 날!
우승자가 누군지 맞춰 보세요!

홍팀 이겨라!

성스러운 지혜

537년에 세워진 '아야소피아' 성당은 이후 약 1000년 동안 세계에서 제일 큰 성당 중 하나였어요. 그러나 이 아름답고 성스러운 곳은 2번의 지진으로 완전히 무너질 뻔했고, 1204년에는 기독교 십자군의 약탈로 인해 쑥대밭이 되었답니다. 그 뒤 1453년에 이슬람 군대의 공격을 받았지만 무사히 살아남았어요. 오늘날 아야소피아는 튀르키예 이스탄불의 하늘을 장식하는 독보적인 건축물로 남아 있어요.

1923년에 튀르키예가 공화국이 된 이후 '이스탄불'이 콘스탄티노플을 대신하는 공식 명칭으로 쓰이고 있어요.

▶ 아야소피아는 길이 73미터, 폭 73미터에 높이는 55미터랍니다.

웅장한 도시

330년에 로마 제국의 황제 콘스탄티누스 1세는 로마의 동쪽에 있는 고대 그리스 도시 비잔틴으로 제국의 수도를 옮기라는 명령을 내렸어요. 이후 콘스탄티누스 1세에 대한 경의로 비잔틴은 콘스탄티노플로 이름이 바뀌었고, 이내 유럽에서 가장 크고 풍족한 도시가 되었답니다. 그렇게 콘스탄티노플은 처음에는 로마 제국의 수도였지만, 395년에 결국 로마 제국이 동서로 나뉘면서 로마 제국의 동부를 일컫는 비잔틴 제국의 수도가 되었어요. 1453년에 오스만 투르크가 이곳을 점령한 뒤에는 방대한 오스만 투르크 제국의 수도가 되었지요.

◀ 유스티아누스 1세는 527년부터 565년까지 비잔틴 제국의 황제로서 제국을 다스렸어요. 그는 아야소피아 성당을 비롯한 여러 훌륭한 건축물을 콘스탄티노플에 세우도록 명령을 내렸답니다.

돔과 뾰족탑

'아야소피아'는 '성스러운 지혜'라는 뜻이랍니다. 이 성당에서 가장 눈길을 사로잡는 부분은 커다란 돔이에요. 이 돔 모양의 지붕은 40개의 아치형 창이 빙 둘러 배치된 탑 위에 얹혀 있지요. 이 창들을 통해 햇빛이 건물 내부로 들어오면 마치 돔이 빛 속에 둥둥 떠 있는 것처럼 보인답니다. 1453년에 이슬람교 사원으로 쓰이게 된 뒤에는 아야소피아의 네 귀퉁이에 이슬람교 특유의 뾰족탑(첨탑)이 세워졌어요.

▲ 돔 안쪽에는 이슬람교의 경전인 '코란'의 문구가 새겨져 있어요.

시간에 따른 변화

537년 아야소피아는 애초에 기독교의 한 교파인 그리스 정교회의 '바실리카(성당)'로 세워졌어요. 558년에 지진으로 중앙 돔이 무너져 다시 지었지요. 859년에는 큰 화재로 많은 피해를 당했고, 869년과 989년에도 지진으로 인해 또다시 건물 일부가 손상을 입었답니다.

1204년 이슬람교도들의 지배를 받던 기독교 세계를 해방시키기 위해 결성된 기독교 십자군들이 원정길을 가던 도중 콘스탄티노플을 마구 약탈하고는 아야소피아를 로마가톨릭 성당으로 바꿔 놓았어요.

1261년 비잔틴 제국의 사람들이 콘스탄티노플을 되찾았고, 아야소피아를 다시 그리스 정교회의 예배당으로 되돌려 놓았어요.

1453년 이슬람교의 오스만 제국이 콘스탄티노플을 차지했고, 아야소피아가 이슬람교 사원인 모스크로 바뀌면서 건물 네 귀퉁이에 뾰족탑이 들어섰어요. 이 모스크는 1739년에서 1740년 사이 한 차례 수리를 거쳤고, 1847년부터 1849년에 또 한 번 보수 공사가 이뤄졌답니다.

1935년 튀르키예의 대통령 무스타파 케말 아타튀르크가 아야소피아를 박물관으로 변경했어요.

2020년 튀르키예의 대통령 레제프 타이이프 에르도안의 명령으로 아야소피아는 박물관에서 다시 모스크로 바뀌었답니다.

세 번째 행운

오늘날 우리가 보는 아야소피아는 사실상 같은 곳에 지어진 세 번째 건축물이에요. 앞서 두 차례 지었던 건물은 모두 불에 타서 무너졌고, 537년에 세 번째 건물이 완성되었지요. 새로 지은 건물은 그 전의 것보다 더 크고 멋졌답니다. 세 번째 지을 때는 돈을 아끼지 않았거든요. 그리스 북동부의 테살리아 지역에서 녹색 대리석을 배에 실어 날랐고, 이집트에서는 보라색 반암(맥반석)을 가져왔지요. 시리아에서는 노란색 돌을, 튀르키예에서는 검은색 돌을 가져왔어요. 그리스의 에페소스에 있는 아르테미스 신전의 그리스식 돌기둥도 공수해 왔답니다.

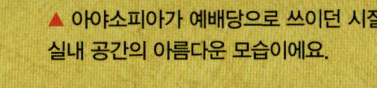

▲ 아야소피아가 예배당으로 쓰이던 시절 실내 공간의 아름다운 모습이에요.

구름 속 도시

남아메리카의 안데스 지방을 지배했던 고대 제국 잉카의 사람들은 돌을 다루는 솜씨가 뛰어났어요. 잉카족은 건물을 지으면서 돌을 자르고 다듬어서 모양을 냈는데, 그 재주가 어찌나 대단한지 돌과 돌 사이에 풀잎 1장도 끼워 넣을 수 없을 정도였답니다. 잉카족은 돌 아래에 굴림대를 놓고 돌을 굴리는 방식으로 커다란 돌을 옮겼어요. 잉카 제국은 1532년에 스페인에서 온 사람들에게 정복당했고, 잉카족이 만든 놀라운 건축물은 현재 거의 남아 있지 않아요. 하지만 '마추픽추'라는 신비한 도시는 온전히 남아 있었답니다.

성스러운 곳

마추픽추라는 도시는 해발(바다 표면으로부터의 높이) 2430미터 높이에 있어요. 페루의 쿠스코에서 약 80킬로미터 떨어진 '성스러운 계곡' 위 2개의 산 사이 평평한 곳에 자리를 잡고 있지요. 이 도시에는 널따란 중앙 광장을 둘러싼 넓은 계단형 테라스에 궁전과 신전, 주택 등 200개의 건물이 놓여 있어요. 마추픽추는 지진이 자주 일어나는 곳에 있어서 잉카족은 건물을 지을 때 모르타르(석회나 시멘트에 모래를 섞고 물로 갠 것)를 쓰지 않고 건물의 해당 부위에 딱 맞게 다듬은 돌을 사용했어요. 지진이 발생해서 돌이 흔들려도 다시 제자리를 찾을 수 있도록 말이지요.

제국을 건설하다

1200년경 페루의 잉카족은 큰 제국을 건설하기 시작했어요. 1470년대까지 남아메리카의 왼쪽 지역을 따라 아래로 3195킬로미터나 영토를 늘려 나갔답니다. 지금으로 치면 북쪽으로 에콰도르부터 남쪽으로는 칠레까지 뻗어 있었던 거예요. 잉카족은 건축에 남다른 재주를 뽐냈어요. 거대한 요새를 짓고 최소 2만 117킬로미터 길이의 복잡한 도로를 건설했지요. 가파른 언덕에 계단식 논밭을 만들어 농사를 지었고 깎아지른 듯한 계곡 사이에 여러 개의 다리도 놓았답니다.

▼ 마추픽추로 가는 길은 가파른 산등성이를 지그재그 형태로 오르게끔 되어 있어요.

놀라운 달력

마추픽추에는 돌로 만든 많은 신전들은 물론 '인티와타나'라는 돌기둥도 있는데, 이것은 달력과 같은 역할을 한답니다. 11월 11일과 1월 30일 낮 12시에는 태양이 이 돌기둥을 수직으로 비춰서 그림자가 생기지 않아요. 태양이 가장 높게 떠오르는 6월 21일에는 인티와타나의 돌이 남쪽으로 그림자를 드리우고, 태양이 가장 낮게 뜨는 21월 21일에는 더 짧은 그림자가 돌기둥의 북쪽으로 생긴답니다.

▶ 마추픽추는 1450년경에 세워졌지만, 스페인이 잉카 제국을 정복하고 나서 1570년대에 버려진 도시가 되고 말았어요. 이 그림은 미국의 고고학자 하이럼 빙엄이 우거진 수풀을 헤치고 처음으로 마추픽추를 찾아냈을 때의 모습을 담은 거예요.

몇백 년 만에 다시 나타난 도시

스페인의 정복자들은 마추픽추라는 도시가 있다는 사실을 전혀 몰랐어요. 그러나 이 정복자들로 인해 1572년 페루에 천연두가 퍼졌고, 마추픽추에 살던 사람들도 천연두에 전염되어 모두 사망한 것으로 보여요. 그렇게 폐허가 된 도시는 1911년 7월 24일 미국의 고고학자 하이럼 빙엄이 다시 찾아낼 때까지 그대로 고스란히 남아 있었답니다.

▶ 인티와타나는 '태양을 묶어 놓은 기둥'이라는 뜻이에요.

▶ '콘도르의 신전'이라는 곳에는 돌을 깎아 콘도르의 모습으로 만든 돌 조각품이 있어요. '콘도르'는 안데스산맥의 바위산에 사는 매우 커다란 새랍니다.

▶ '3개의 창이 있는 신전(Temple of the Three Windows)'은 태양의 신이자 잉카 제국 최고의 신이었던 '인티'에게 바치기 위해 만든 거예요.

▶ '태양의 신전'은 도시의 위쪽에 자리하고 있어요. 주로 종교 의식이나 기념식에 쓰였답니다.

성스러운 사원

동남아시아에 있는 캄보디아의 깊은 정글 속에는 전 세계에서 가장 큰 관심을 끄는 사원들 중 하나가 있어요. 바로 앙코르와트 사원이에요. 이 사원은 1113년에서 1150년까지 캄보디아를 다스린 수리야바르만 2세 때 만든 거예요. 힌두교의 3대 신 중 하나인 비슈누에게 바치기 위해 지어졌지요. 하지만 1200년대 후반에 캄보디아가 불교 국가가 되면서 이 사원도 불교 사원으로 바뀌었답니다.

▼ 앙코르와트는 깊은 밀림에 자리하고 있어서, 우거진 수풀 속으로 그 모습이 완전히 사라질 뻔했답니다.

앙코르와트는 어떻게 만들었을까?

앙코르와트를 짓는 데 쓰인 돌은 약 40킬로미터 떨어진 쿨렌산에서 캐낸 거예요. 캐낸 돌은 시엠레아프강(시엠립강)을 따라 뗏목으로 실어 날랐지요. 이 사원에는 500만 톤이 넘는 사암이 사용되었는데, 기자에 있는 그레이트 피라미드에 쓰인 돌의 무게와 맞먹는 양이랍니다.

▼ 앙코르와트는 물의 높이가 일정하게 유지되는 해자(성이나 건물을 보호하기 위해 그 주위를 둘러서 만든 연못)에 둘러싸여 있어요. 수위가 더 높거나 낮아졌다면 돌로 만든 사원의 벽이 깨지거나 무너졌을 거예요..

메루산의 봉우리

최고의 걸작으로 꼽히는 앙코르와트는 상징하는 것들이 많은 건축물로도 유명해요. 사원 그 자체는 신들이 거주하는 곳인 메루산을 상징해요. 5개의 탑은 메루산의 5개 봉우리를, 벽과 해자는 메루산을 둘러싼 산과 바다를 뜻한다고 여겨지지요. 사원 안에는 3개의 커다란 공간(회랑)이 있는데, 이곳은 힌두교에서 최고의 존재로 여기는 '브라마'(창조의 신, 달, 비슈누)를 상징해요. 또 다른 주장에 따르면 앙코르와트가 평화를 상징하는 의미로 설계되었다고도 하고, 별자리 가운데 하나인 용자리를 나타낸다고 믿는 사람들도 있답니다.

▶ 비슈누는 힌두교에서 최고의 신으로 여기는 존재예요. 옆의 이 동상에서 볼 수 있듯이 일반적으로 4개의 팔을 지닌 모습으로 묘사되곤 하지요.

아주 복잡한 디자인

앙코르와트 사원은 폭이 190미터에 이르는 해자와 높은 외벽으로 둘러싸여 있어요. 사원을 에워싸고 있는 이 벽의 안쪽 드넓은 공간에는 원래 사원뿐만 아니라 왕의 궁전과 마을도 자리하고 있었답니다. 350미터 길이의 보도를 따라 걸어가면 높은 테라스에 놓여 있는 사원에 이르게 돼요. 사원은 직사각형 모양으로 된 3개의 회랑(주요 부분을 둘러싼 긴 복도)으로 구성되어 있는데, 제일 바깥쪽 회랑의 크기는 짧은 변이 187미터에 긴 변은 215미터예요.

앙코르와트의 중앙에 있는 탑의 높이는 65미터예요.

사원을 둘러싸고 있는 외벽은 길이 1024미터에 폭은 802미터에 이른답니다.

▲ 앙코르와트는 40년 만에 완성되었어요. 무거운 돌들은 대나무 건축 장비와 밧줄, 도르래를 이용하고 코끼리의 힘을 빌려 필요한 위치로 옮겨다 썼답니다.

사암으로 된 보도는 사원과 그 주변 지역을 연결해 줘요.

▶ 데바타(신화 속 신들)와 압사라(춤추는 여신)를 묘사한 수많은 부조(벽면에 그림 등을 조각한 것)와 석상들이 사원을 장식하고 있답니다.

돌조각으로 뒤덮인 사원

앙코르와트의 벽에는 고대 인도의 힌두교 대서사시 《라마야나》와 《마하바라타》의 장면들이 새겨져 있어요. 천장에는 뱀, 사자, 가루다(새처럼 생긴 신화 속 동물)가 조각되어 있고요. 비슈누와 힌두교의 다른 신들을 묘사한 동상들도 사원 곳곳에 놓여 있답니다.

경외와 감탄

기독교 대성당은 여러 도시들에서 단연 돋보이는 건축물이에요. 높은 탑과 뾰족한 첨탑이 있는 아름다운 성당들은 하늘에 닿을 듯 한껏 위로 치솟아 그 아래 도시를 압도하는 장엄함을 풍기지요. 훌륭한 보물들을 가득 품고 있는 대성당은 경외감과 감탄의 공간이자, 건축에 참여한 사람들의 탁월한 재능을 만나 볼 수 있는 공간이기도 해요.

웨스트민스터 사원

웨스트민스터 사원은 영국에서 가장 중요한 건축물 중 하나로, 런던 한가운데 있답니다. 1066년 잉글랜드의 왕위에 오른 해럴드 2세 때부터 모든 왕은 이곳에서 왕관을 쓰는 대관식을 치렀고, 이들 대부분이 결혼식도 여기에서 올렸어요. 영국의 여러 유명인들이 이곳에 묻혔는데, 제1차 세계 대전(1914~1918) 때 목숨을 잃은 이름을 알 수 없는 영국의 한 군인도 이곳에 잠들어 있답니다.

▶ 웨스트민스터 사원의 서쪽 끝부분에 있는 2개의 탑은 영국의 유명 건축가인 니콜라스 혹스무어가 설계한 거예요. 1722년부터 1745년 사이에 세워졌지요.

◀ 1821년에 조지 4세는 웨스트민스터 사원에서 화려한 대관식을 치렀어요. 왕관을 머리에 쓰고 왕이 되었음을 알리는 행사였지요. 하지만 왕이 싫어했던 캐롤라인 왕비는 여기에 들어오지도 못했답니다.

샤르트르 대성당

많은 사람들이 프랑스에 있는 샤르트르 대성당을 세상에서 가장 인상적인 곳으로 꼽아요. 이 성당은 1194년과 1250년 사이에 거의 다 지어졌어요. 성당 중앙부의 신자들이 앉는 곳은 높이가 37미터이고, 서쪽에 있는 2개의 탑은 높이가 각각 105미터와 113미터여서 멀리 떨어진 곳에서도 보인답니다. 벽의 높은 곳에는 종교적인 장면들을 묘사한 화려한 색채의 스테인드글라스 창이 176개 있어요.

▼ 성당의 바닥에는 색깔이 있는 돌로 정교하게 만든 미로가 있어요. 기독교 신자들에게 이 미로는 성스러운 도시인 예루살렘을 뜻해요.

◀ 밤이 되면 성당 벽의 조명을 밝혀 대성당을 환하게 비춰요.

◀ 아름다운 스테인드글라스로 꾸민 수많은 창들이 샤르트르 대성당을 장식하고 있어요. 이 사진은 북쪽의 '장미 창문'으로 지름은 10.4미터예요.

성 베드로 대성당

성 베드로 대성당은 로마 가톨릭교(천주교)의 중심지랍니다. 로마 가톨릭교는 교황을 세계 교회의 최고 지도자로 받드는 그리스도교의 종파를 말해요. 이 거대한 성당은 1506년에서 1626년 사이에 세워졌어요. 지면 위로 높이 138미터에 이르는 거대한 돔이 특징이지요. 성당과 그에 딸린 건물들도 굉장히 큰데 그 자체가 하나의 독립된 나라, 즉 바티칸시국이에요. 이탈리아의 로마 안에 있는 도시 국가 바티칸시국은 전 세계에서 가장 작은 나라랍니다.

▼ 성 베드로 대성당의 돔은 전 세계에서 가장 커요.

▲ 매주 일요일과 종교 행사가 있는 날에는 광장이 내려다보이는 발코니에서 교황이 설교를 해요.

십자군의 성

과거 수백 년 동안 병사들은 적들의 공격을 막기 위해 돌로 거대한 성을 쌓았답니다. 시리아에 있는 '크락 데 슈발리에(기사의 성채)'도 그런 목적의 성이었어요. 십자군 전쟁이 벌어지던 기간에 포위해 들어오는 적들을 방어하기 위한 전략적 요새였지요. 십자군은 예루살렘과 성지(중세의 십자군 전쟁 당시 예수의 유적이 있는 '팔레스티나'를 말해요)를 다시 찾기 위해 기독교 측에서 일으킨 원정대랍니다.

방어를 위한 설계

시리아에 있는 크락 데 슈발리에는 성지로 가는 주요한 길목에 자리하고 있었어요. 원래는 이슬람교도들의 요새였지만 1099년에 십자군에게 점령당했고, 1144년에는 다친 기사를 치료하고 간호하는 구호 기사단이 넘겨받아서 오늘날 우리가 보는 것과 같은 모습으로 탈바꿈시켰지요. 구호 기사단은 성을 더욱 강력하게 만들었어요. 요새화된 성의 내부를 에워싼 바깥쪽 낮은 벽 위에서 공격해 들어오는 적군에게 포를 날릴 수 있도록 보강했답니다.

▶ 지금까지도 크락 데 슈발리에는 놀랄 만큼 잘 보존되어 있고, 바위가 많은 언덕 꼭대기에 예전 모습 거의 그대로 서 있어요.

십자군 전쟁

1095년에 교황 우르반 2세는 군대를 불러모았어요. 예루살렘을 지배하고 있는 이슬람교의 투르크족이 유럽의 순례자들이 성지로 가는 길을 막아섰기 때문이에요. 교황은 기독교도들을 위해 성지를 되찾기 위한 군대를 요청했고, 수천 명의 십자군이 교황의 요청에 응답했어요. 십자군은 1099년에 마침내 예루살렘을 점령하고 지배했지만, 1291년에 결국 이슬람교도들에게 그곳을 빼앗기고 말았답니다.

▼ 프랑스군이 성지로 떠날 준비를 하기 위해 군사 물품을 배에 싣는 모습이에요.

프랑스의 군사 요새

잉글랜드의 왕 리처드 1세는 한때 프랑스 북부의 많은 땅을 차지하고 있었어요. 그리고 이 땅을 지키기 위해 1195년부터 1198년까지 가이야르 성을 지었지요. 이 성은 센강이 내려다보이는 커다란 바위 언덕 끝자락에 세워졌어요. 리처드 1세는 '성벽을 버터로 만든다 해도' 이 성은 끄떡없을 거라며 호언장담을 했답니다. 그러나 1204년 프랑스의 왕 필립 2세가 성을 에워쌌어요. 그리고 병사들이 바깥쪽 성벽 한 곳을 허물고 공격해 들어가 안에 있는 모든 사람을 포로로 붙잡았답니다.

▼ 가이야르 성은 한때 꽤 괜찮은 요새였고 그 지역에서 압도적인 위세를 떨쳤답니다. 지금은 폐허가 되고 말았지만, 그래도 꽤 많은 부분이 아직 남아 있어요.

성벽의 안쪽

적군이 크락 데 슈발리에의 바깥쪽 벽을 어떻게든 뚫고 들어간다고 해도 성을 지키는 기사들은 안쪽에 있는 벽 안으로 들어가 전투를 이어갈 수 있었어요. 또한 이 성에는 탑들이 매우 많아서 적군의 움직임을 사방으로 살필 수도 있었지요. 적군이 입구를 통해 성으로 들어가려면 언덕의 경사를 따라 구불구불 위로 휘어지는 좁은 길을 힘겹게 오를 수밖에 없었을 거예요.

치명적인 약점

크락 데 슈발리에는 한 방향으로만 들어갈 수 있었기 때문에 침략이 거의 불가능했어요. 하지만 한 가지 치명적인 약점이 있었지요. 주변을 둘러싼 언덕에서 성 안으로 흐르는 물길이 딱 하나뿐이라는 점이었어요. 그 물길을 막아 버리면 곧바로 성 내부의 물이 바닥나고 마는 상황이었던 거예요. 1188년에는 이슬람교도들의 포위 작전이 실패해 성 안으로 들어가지 못했어요. 하지만 1270년에 이집트의 대규모 군대가 이 물길을 끊어 버렸지요. 성 안에 있던 기사들은 6주 동안 버텨 냈지만, 적군은 가까스로 외벽을 부수고 쳐들어왔어요. 기사들은 항복했고, 성에 살던 사람들은 목숨만 간신히 건져 성을 떠났답니다.

▶ 구호 기사단임을 나타내는 표시는 검은 바탕에 흰 몰타 십자가 (가로와 세로의 길이가 같고 끝이 V자 모양으로 된 십자가)였어요.

구호 기사단이란?

구호 기사단은 유럽에서 성지를 순례하기 위해 온 사람들 가운데 아프거나 다치거나 가난한 사람들을 돌보기 위해 1023년에 만들어졌어요. 1099년에 십자군이 예루살렘을 정복한 이후 구호 기사단은 성지를 방어하는 임무를 넘겨받았고, 1291년에 이슬람교도들에게 그 땅을 다시 빼앗기기 전까지 임무를 계속해 나갔답니다.

103

어마어마하게 큰 동상

71미터
중국의 러산 대불 근처에 사는 사람들은 이렇게 말해요. "산이 곧 부처님이고 부처님이 곧 산이다."

8미터
모아이는 대부분 무게가 12.7톤 정도이지만, 제일 무거운 건 무려 78톤이나 된답니다!

세계 곳곳에는 주변 풍경을 압도하는 거대한 동상들이 많아요. 이런 어마어마한 조각품들은 그 엄청난 크기로 경외감을 불러일으키지요. 동상들은 말을 할 수 없지만 각자 이야깃거리를 품고 있답니다. 이를 통해 과거에 있었던 중요한 사건이나 믿음을 다시 떠올리게 하지요.

러산 대불

중국 쓰촨성 러산 지역에는 민강과 다두강, 칭이강이라는 3개의 강이 만나는 곳이 있어요. 여기는 물살이 워낙 사나워서 배들이 지나다니기에 너무 위험했지요.
713년, 중국의 '해통'이라는 스님이 거친 물살을 잠재우고자 근처 절벽에 부처님의 커다란 동상(대불)을 새겨넣기로 결심했어요. 동상을 만들던 도중 돈이 다 떨어지자 스님은 그 일에 대한 자신의 진심을 보여 주고자 두 눈을 파냈답니다. 부처님 동상을 반드시 완성하고 말겠다는 결심이 그만큼 굳건했던 거예요. 하지만 해통 스님은 불상이 완성되는 것을 보지 못하고 세상을 떠나고 말았어요.
이후 803년에 스님을 따르던 사람들이 불상을 완성했지요. 앉아 있는 모습의 이 불상은 어마어마하게 커요. 어깨너비만 해도 28미터에 이른답니다.

모아이 석상

태평양 동쪽에 위치한 라파 누이(이스터섬)의 주민 수는 5761명에 불과해요. 그들은 사람의 모양을 한 석상(돌로 만든 동상)인 모아이 887개와 이 섬을 나누어 쓰고 있지요. 이 돌 조각상은 1100년부터 1600년 사이에 만들어진 것으로, 바닷가 주변에 있는 '아후'라는 평평한 돌판 위에 줄지어 서 있답니다. 18세기에 라파 누이에 살던 사람들의 수가 크게 줄어들었는데, 그 이유 중 하나는 아마도 숲을 망가뜨렸기 때문일 거예요. 섬의 주민들이 석상을 지금 위치로 옮기려고 숲의 나무들을 마구 베어 냈거든요.

자유의 여신상은 왼손에 법전을, 오른손에는 자유의 횃불을 들고 있답니다.

30미터
1930년대에 이 동상을 만드는 데 돈이 330만 달러나 들어갔어요.

85미터
1967년 이 거대한 동상이 세워졌을 당시, 이것은 전 세계에서 가장 키가 컸어요.

93미터
동상의 머리를 둘러싸고 바깥쪽으로 뻗어 있는 일곱 개의 빗살은 태양과 일곱 개의 바다, 일곱 개의 대륙을 의미해요.

구원의 예수상

1931년에 브라질 리우데자네이루의 독실한 천주교 신자들이 세계에서 다섯 번째로 큰 그리스도 동상을 만들었어요. 이 동상은 크기가 어마어마한데, 받침대의 높이만 8미터에 이르고 넓게 벌린 양팔의 길이는 28미터나 됩니다. 강화 콘크리트와 '동석'이라는 돌로 만든 이 동상의 무게는 645톤이에요.

어머니 조국상

제2차 세계 대전(1939~1945) 때 스탈린그라드 전투에서 115만 명이 넘는 러시아인들이 목숨을 잃었어요. 1967년, 이들을 추모하기 위해 러시아의 볼고그라드에 '어머니 조국상'이라는 동상이 세워졌답니다. 손에 긴 칼을 든 한 여인의 모습을 묘사한 이 동상은 조국 러시아를 나타내요. 이 동상은 무게가 무려 7893톤이나 된답니다. 이 동상으로 이어지는 길에는 200개의 계단이 있는데, 이것은 200일간 이어진 당시의 전투를 의미하지요.

자유의 여신상

옛날에 유럽에서 미국으로 이민을 갔던 사람들이 그랬듯 바다를 통해 미국 뉴욕으로 들어가다 보면, 거대한 자유의 여신상이 떡 하니 눈앞에 나타난답니다. 철과 구리로 된 이 유명한 동상은 프랑스에서 만든 거예요. 그런 뒤에 여러 부분으로 나눠서 대서양 건너 미국으로 가져왔지요. 그리고 나서 돌로 만든 받침대 위에 세운 거예요. 프랑스의 조각가 프레데릭 오귀스트 바르톨디가 디자인한 이 동상은 1886년에 프랑스인들이 미국 독립 100주년을 기념해 선물한 것이랍니다.

마야의 걸작들

1532년에 멕시코의 유카탄반도를 완전히 손에 넣은 스페인의 정복자들은, 유럽에 있는 그 어떤 도시에 못지않는 커다란 도시를 하나 발견하고는 깜짝 놀랐어요. 그들이 찾아낸 '치첸이트사'라는 도시는 750년에서 998년 사이에 마야인들이 세운 도시였어요. 마야인들은 교육 수준이 상당히 높았고 똑똑했지요. 치첸이트사는 신전을 비롯해 정교하게 잘 지은 건물들로 가득한 큰 도시였답니다.

▶ '대형 구기장'은 치첸이트사에 있는 13개의 구기장(공을 사용하는 스포츠를 위한 경기장) 가운데 가장 커요.

발전된 도시

치첸이트사는 최소 5제곱킬로미터에 이르는 넓은 지역에 걸쳐 있어요. 이런 큰 도시를 위한 공간을 만드는 일은 만만치 않았지요. 그 넓은 땅을 평평하게 다져서 그 위에 많은 신전과 구기장, 창고, 가게, 주택 및 다른 건물들을 지어야 했거든요. 그리고 잘 정돈된 길로 이 건물들을 모두 연결했어요. '치첸이트사'라는 이름은 마야어로 '이트사 우물 입구에'라는 뜻이랍니다.

▼ 마야인들은 치첸이트사 같은 큰 도시를 만들면서 계단 모양의 피라미드 신전도 세웠답니다. 이웃 나라들을 상대로 금과 옥을 비롯한 귀금속을 사고파는 무역도 많이 했고요.

A 대형 구기장
B 쿠쿨칸의 신전(엘 카스티요)
C 천문대
D 해골 제단
E 천 개 기둥 광장
F 전사들의 신전
G 재규어의 신전
H 오사리오(묘지)

A 대형 구기장

마야인들은 단단한 고무공을 가지고 시합을 벌였어요. 정확한 규칙은 알려져 있지 않지만, 공을 계속 공중에 띄워 놓아야 경기가 계속되는 식이었던 것 같아요. 공이 땅에 떨어지면 경기가 끝나고 말이에요. 긴 변의 길이 168미터, 다른 변의 길이는 70미터에 이르는 대형 기구장은 지금의 축구 경기장보다 훨씬 길쭉한 모양이에요. 경기장의 두 면은 높은 벽으로 둘러싸여 있는데, 여기에는 날개 달린 뱀이 조각된 고리가 달려 있어요. 아마도 공을 이 고리들 중 하나에 넣는 경기를 했던 것 같아요. 죄수들이 억지로 끌려 나와 시합을 뛰었고, 경기에서 지면 참수형(목을 베어 죽이는 형벌)을 당했던 듯해요.

C 천문대

마야는 기원전 800년경 멕시코 유카탄반도에 자리를 잡고 곧이어 번창한 사회를 이루었어요. 마야인들은 특히 수학에 뛰어난 재능을 보였어요. '0'이라는 개념을 처음으로 생각해 냈고, 하늘을 관찰하면서 일식과 여러 천문 현상을 예측할 줄도 알았답니다.

▶ 치첸이트사에 있는 천문대의 이름은 '엘 카라콜'로, '달팽이'라는 뜻이에요.

B 장엄한 신전

치첸이트사에서 가장 눈길을 사로잡는 것은 쿠쿨칸의 신전이에요. 스페인어로 '성'을 뜻하는 '엘 카스티요'라고 부르기도 하지요. 쿠쿨칸은 날개 달린 뱀 신이에요. 이 신에게 바쳐진 엘 카스티요 신전은 높이 30미터에 정사각형의 판 9개가 꼭대기까지 계단처럼 쌓여 있는 구조로, 어마어마한 크기랍니다. 1930년대에 고고학자들은 이 신전 아래에 묻혀 있는 더 오래된 다른 신전을 찾아냈어요. 그 안에는 붉은색 몸통에 옥으로 점박이 무늬를 표현한 재규어 모양의 왕좌(왕이 앉는 의자)가 있었답니다.

▼ 춘분과 추분 날 늦은 오후가 되면 태양빛을 받아 쿠쿨칸 신전 북서쪽에 삼각형의 그림자가 생기는데, 그 모습이 마치 뱀이 계단을 따라 아래로 내려오는 것처럼 보여요.

▲ 커다란 돌 제단을 따라 해골들이 줄줄이 조각되어 있어요.

D 해골 제단

치첸이트사 곳곳에는 마야인들의 잔인한 모습을 보여 주는 건축물도 있습니다. '촘판틀리'라고도 불리는 해골 제단에는 희생자들의 해골이 보란 듯 조각되어 있어요. 그 근처에 있는 독수리와 재규어의 제단에는 이 동물들이 사람의 심장을 파먹는 모습이 석판에 새겨져 있고요. 도시 북쪽에는 성스러운 샘이 있는데, 이 천연 샘에서는 신에게 바치는 제물로 사람들이 희생되었답니다.

러시아의 요새

러시아의 수도 모스크바의 한복판에는 어마어마한 요새가 있어요. 이곳은 최고 권력을 가진 대통령과 그 이전에는 러시아의 황제 차르가 살던 곳이랍니다. 이 비밀스러운 벽 안에서 막강한 권력자들은 적에 맞서 싸울 작전을 세우고 군대를 세계 곳곳으로 내보냈어요. 여기는 러시아의 모든 힘이 눌러앉아 있는 곳이랍니다.

최초의 크렘린

크렘린은 네글리나야강이 모스크바강으로 흘러 들어가는 지점에 있는 보로비츠키 언덕에 자리하고 있어요. 처음으로 이곳에 요새가 들어서기 시작한 건 900년대였어요. 1156년에 키이우의 대공 유리 돌고루키가 요새를 더 크게 확장했지만, 1237년 몽골족이 요새를 완전히 불태워 버렸지요. 1339년에 떡갈나무 벽으로 에워싼 새로운 요새가 지어졌고, 이 요새에는 교회와 수도원, 대성당도 있었어요. 1366년에서 1368년 사이에는 이반 2세의 아들이자 모스크바 공국을 통치한 드미트리 돈스코이가 떡갈나무 벽을 하얀색 석회암으로 바꾸었지요. 그리고 이반 3세의 통치기(1462~1505)에 이 요새에 러시아의 황제 차르를 위한 새로운 궁전이 세워졌어요. 그 뒤로 크렘린은 러시아 정부의 중심지가 되었답니다.

1 원래 크렘린은 나무로 만든 벽으로 에워싼 작은 요새였어요. — 1156년

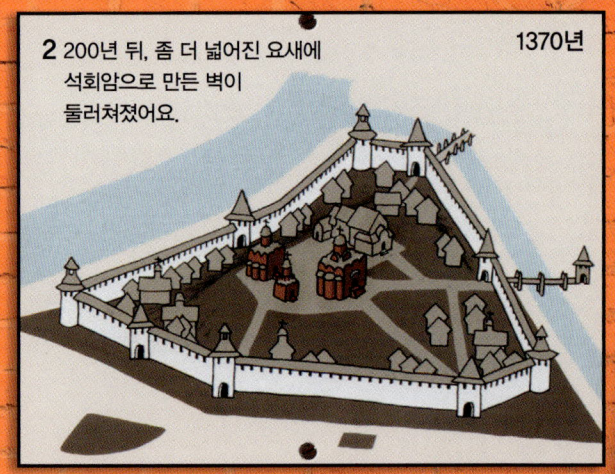

2 200년 뒤, 좀 더 넓어진 요새에 석회암으로 만든 벽이 둘러쳐졌어요. — 1370년

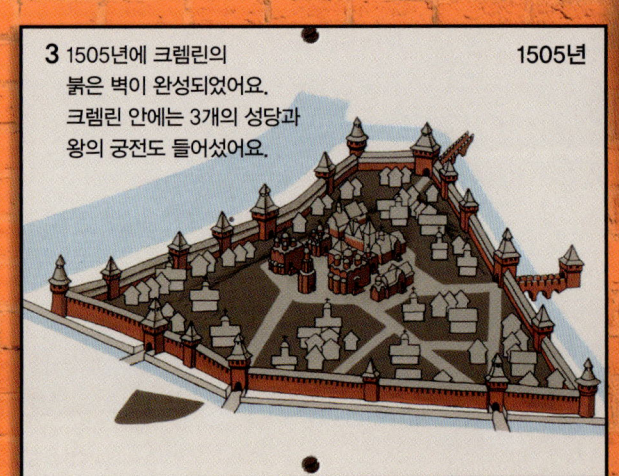

3 1505년에 크렘린의 붉은 벽이 완성되었어요. 크렘린 안에는 3개의 성당과 왕의 궁전도 들어섰어요. — 1505년

차르의 종

모스크바의 한가운데에는 눈에 확 띄는 이반 대제의 종탑이 서 있답니다. 마치 81미터 높이의 양초에 불을 켜놓은 것처럼 보이는 이 종탑은 한때 모스크바에서 제일 높은 구조물이었어요. 당시에 이것보다 높은 건물을 짓지 못하게 했거든요. 탑에는 종이 21개 있는데, 도시가 위험에 처하면 이 종을 울렸답니다. 종탑 바로 옆에는 세계에서 가장 큰 종인 '차르의 종'이 놓여 있어요. 청동으로 만들어졌고, 무게 20만 1924킬로그램에 높이는 6.1미터예요. 아쉽게도 이 종은 한 번도 울린 적이 없답니다. 만드는 도중에 그만 깨져 버렸거든요.

◀ 차르의 종은 종탑 옆에 놓여 있어요. 종이 깨지지 않았다면 아마 종탑 안에 두었을 거예요.

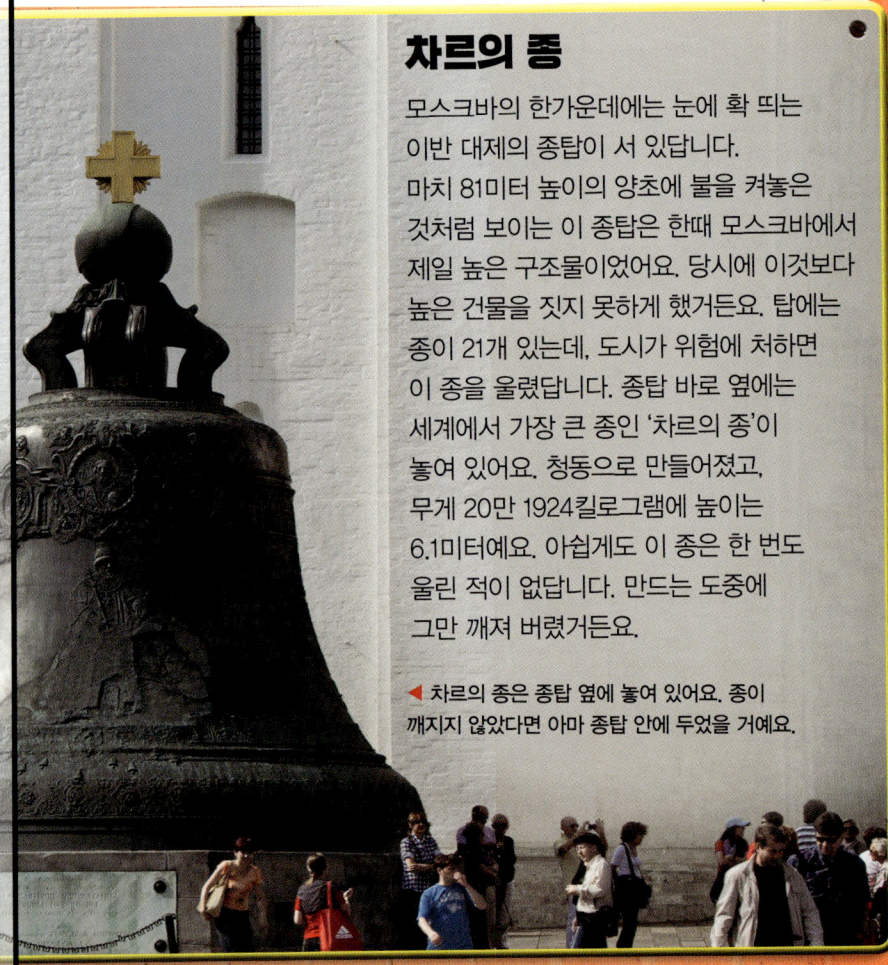

벽 안에는 뭐가 있을까?

오늘날 우리가 보는 크렘린의 튼튼한 벽은 대체로 1485년에서 1495년 사이에 만든 거예요. 벽의 길이는 2235미터이고, 두께는 3.4~6.4미터, 높이는 제일 높은 곳이 19미터예요. 이 벽을 따라 탑 20개가 세워져 있지요. 크렘린의 벽은 27만 5186제곱미터에 이르는 매우 넓은 땅을 에워싸고 있어요. 그 안에는 성당 4개, 교회 2개, 궁전 5개와 무기 창고 및 수많은 건물들이 있답니다.

❶ 스파스카야 탑
❷ 성 바실리 대성당
❸ 붉은 광장
❹ 성모승천 대성당
❺ 크렘린 대궁전
❻ 국립 크렘린 궁전
❼ 대성당 광장
❽ 이반 대제의 종탑

▲ 크렘린은 붉은 벽돌의 담과 탑에 에워싸여 있어요. 크렘린을 둘러싼 이 벽과 탑들은 1485년부터 1495년까지 이탈리아의 건축가들이 설계하고 지었답니다.

붉은 광장

1495년, 모스크바 대공국의 통치자 이반 3세는 크렘린이 도시의 나머지 부분과 확실히 구분되도록 벽으로 된 해자를 설치할 필요가 있다고 발표했어요. 이 발표로 크렘린으로부터 234미터 이내에 있는 건물이 모두 허물어졌답니다. 그리하여 크렘린의 동쪽에 대규모 공간이 생겼는데, 이곳이 훗날 '붉은 광장'이 되었지요. '붉은 광장'이라는 이름이 붙은 이유는 그 옆에 있는 대성당 때문이에요. 성 바실리 대성당은 한때 '붉은 대성당'이라고 불리기도 했는데, 러시아어에서 '붉은'은 '아름다운'이라는 뜻도 있기 때문이에요. 소련의 첫 공산주의 지도자인 레닌이 죽은 뒤 방부 처리되어 안치된 곳도 바로 이곳이랍니다.

◀ 소련 정권 설립 15주기를 기념하는 행사에서 군인 4만 명이 모스크바의 붉은 광장에 줄 맞춰 서 있는 모습이에요.

무굴 제국의 위엄

인도의 타지마할은 세계 최고의 볼거리 중 하나로 꼽혀요. 좌우 완벽한 대칭을 이루는 이 건축물은 매우 뛰어난 걸작이기도 하지만 사랑을 위해 바쳐진 기념물이기도 해요. 건물 외부를 장식하는 새하얀 대리석은 하루 동안 다채롭게 바뀌는 태양빛에 따라 빛깔을 달리하지요. 아침에는 연한 분홍빛이 감돌고 달빛 아래에서는 황금빛을 띤답니다.

인도의 보석

타지마할은 인도 무굴 제국의 수도였던 아그라 근처의 자무나강 옆 커다란 대리석 기반 위에 놓여 있어요. 건물 자체의 규모는 약 17제곱미터이고 네 면에는 아치 모양의 통로가 있어요. 가장 눈에 띄는 특징은 건물 꼭대기 양파 모양의 돔으로, 높이가 76미터에 달해요. 네 귀퉁이에는 40미터 높이의 뾰족탑이 서 있고, 아름다운 연못 정원이 건물을 에워싸고 있지요.

▶ 타지마할은 가로수길과 분수, 연못 등이 있는 91제곱미터 크기의 정원에 놓여 있어요.

- 장식을 한 뾰족탑(첨탑)
- 북 모양의 돔 받침
- 네 개의 차트리(작은 돔)가 메인 돔의 귀퉁이마다 놓여 있어요.
- 굴다스타(장식용 뾰족탑)
- 높고 가느다란 모양의 미너렛(첨탑)은 신도들에게 예배 시간을 알리는 곳이에요.
- 장식을 한 공복 (아치의 주위 공간)
- 꽃과 덩굴 무늬가 장식된 '다도'(아래쪽 벽)

값비싼 돌

타지마할을 만드는 데 쓰인 대리석은 483킬로미터 이상 떨어진 곳에서 코끼리 1000마리로 실어 나른 거예요. 건물을 완성하는 데 20년이 걸렸고 인도의 일꾼 2만 명이 동원되었지요. 일꾼들은 모두 저마다 다른 기술을 가지고 있었어요. 대리석에 꽃을 새겨 넣은 사람도 있고 작은 탑을 만든 사람들도 있었지요. 이들은 수정과 청금석 등 28가지 귀한 돌과 보석으로 꽃무늬를 만들어 건물의 벽을 장식했는데, 이런 보석들 중에는 아라비아와 티베트 등 아주 먼 곳에서 가져온 것들도 있답니다.

◀ 보석으로 만든 이 꽃무늬처럼 조목조목 정교하게 꾸며진 장식은 타지마할의 규모와 대비되어 훨씬 더 깊은 인상을 남긴답니다.

황제 샤자한

인도 무굴 제국의 제5대 황제 샤자한은 1628년부터 1658년까지 무굴 제국을 다스렸어요. 남쪽으로 계속 영토를 넓혀 페르시아에 속해 있던 '칸다하르'라는 중요한 도시까지 차지했지요. 예술도 적극 지원해 당시 아름다운 건물들도 많이 세워졌답니다. 1612년에 샤자한은 황제를 따르던 페르시아계 귀족 집안 딸인 아르주만드 바누 베굼과 결혼했어요. 황제 부부는 자식을 14명 낳았는데, 그중 7명만 성인이 될 때까지 살아남았지요. 1631년에 황후가 아이를 낳다가 숨지자 황제는 깊은 슬픔에 빠졌답니다. 그리고 아내를 기리기 위해 '타지마할'이라는 무덤을 만들었지요.

◀ 샤자한은 아내를 정말로 많이 사랑했어요. 그녀는 '뭄타즈마할'이라는 명칭으로도 널리 알려져 있는데, 이는 '궁전의 선택을 받은 사람'이라는 의미랍니다.

양파 모양의 돔

피슈타크
(아치 모양의 출입구를 둘러싸는 구조물)

캘리그래피
(아름다운 장식 효과를 낸 글자)

▼ 뭄타즈마할의 비석은 남편의 비석 바로 옆에 있어요.

둘이 함께 영원히

뭄타즈마할과 샤자한을 추모하는 이 두 개의 비석은 타지마할의 중앙 돔 바로 아래의 공간에 놓여 있어요. 비석은 물론 그 공간 전체가 대리석과 값비싼 보석으로 화려하게 장식되어 있답니다. 뭄타즈와 자한의 시신은 그 아래 지하실에 있는 관 속에 들어 있지요. 이슬람교에서는 무덤을 화려하게 장식하는 것을 금지하기 때문에 지하실은 단순한 대리석 판들로만 만들어져 있어요. 관에는 보석을 박아 무늬를 넣었고 뭄타즈를 찬양하는 글귀가 멋진 글씨체로 새겨져 있답니다.

베르사유 궁전

프랑스의 왕 루이 14세는 스스로를 '태양왕'이라고 불렀어요. 지구가 태양 주위를 도는 것처럼 프랑스 왕국도 자기를 중심으로 돌고 있다고 믿었지요. 이런 막강한 힘과 위엄을 널리 드러내 보이고 싶었던 루이 14세는 거대한 궁전을 짓도록 했어요. 바로 베르사유 궁전이에요. 이 궁전에서 루이 14세는 엄청나게 화려한 생활을 했답니다. 베르사유는 궁전 자체도 굉장히 컸지만 그 내부도 호화롭게 치장한 방들로 꽉 차 있었어요.

▼ 베르사유 궁전은 약 809만 제곱미터에 이르는 정원에 둘러싸여 있어요.

얼마나 컸을까?

베르사유 궁전은 쉽게 상상할 수 없을 정도로 굉장히 크답니다. 궁전의 바닥 넓이만 해도 모두 합쳐 6만 7000제곱미터로, 축구장 10개의 크기에 해당하지요. 궁전 안에는 방 2300개와 계단 67개, 창문 2153개가 있고, 5210점의 가구와 6000점이 넘는 그림, 2000점의 조각품들이 공간을 장식하고 있어요. 궁전이 너무나 크다 보니 이곳에서 생활하던 프랑스 귀족들은 하인이 끄는 가마를 타고 방을 옮겨 다녔다고 해요.

▲ 루이 14세는 1643년부터 1715년까지 프랑스를 다스렸어요. 왕위에 올랐을 때의 나이는 겨우 4살이었답니다.

점점 더 커지는 궁전

파리시 바깥에 위치한 베르사유 궁전은 원래 한 사냥꾼이 쓰던 작은 오두막집이었답니다. 젊은 시절에 루이 14세는 한적한 그곳 풍경에 푹 빠져들었고 그 오두막을 넓혀서 자신이 쓸 궁전을 짓기 시작했어요. 1664년에 시작된 공사는 크게 4단계에 걸쳐 1710년까지 계속되었답니다. 이후 루이 14세의 뒤를 이은 다른 왕들도 궁전에 방을 추가로 만들고 그 옆에 또 다른 부속 궁전들을 짓기도 했어요.

거울의 방

베르사유 궁전의 심장부에는 '거울의 방'이라고 알려진 어마어마하게 커다란 공간이 있어요(아래 사진). 이곳의 크기는 길이 73미터에 폭 10.5미터, 높이는 12.3미터예요. 357개의 거울이 줄지어 있고, 아름다운 램프와 천장에 매달린 샹들리에가 공간을 환히 밝혀 주지요. 루이 14세는 날마다 이곳을 가로질러 교회에 다녀오곤 했답니다.

마리 앙투아네트

베르사유 궁전에 살았던 제일 유명한 사람을 꼽아 보자면 루이 16세의 아내 마리 앙투아네트 왕비를 들 수 있어요. 1784년에 마리 앙투아네트는 궁전 한편에 12개의 오두막과 방앗간이 있는 농촌 체험용 마을을 지었어요. 그러고는 갑갑한 궁정 생활의 복잡한 예절에서 벗어나 이곳에서 자유로운 시간을 보냈지요. 그녀는 시골 농부처럼 옷을 입고 하인들이 미리 깨끗하게 목욕시킨 소의 젖을 짜며 놀았어요. 하지만 프랑스 농부들의 실제 생활은 그렇게 즐길 수 있는 형편이 전혀 아니었어요. 결국 1789년 혁명이 일어났고, 마리 앙투아네트는 1793년에 단두대에서 처형되고 말았답니다.

▼ 마리 앙투아네트는 베르사유 궁전 안뜰에 농장 마을을 짓고 거기서 혼자만의 시간을 즐겼답니다.

잔인한 전쟁

지금은 '전설'이 된 전투들 뒤에 숨어 있는 진실을 들여다볼까요? 지상 최고의 용맹함과 극도의 잔인함까지, 그 한계가 어디인지 알 수 없는 이야기가 펼쳐질 거예요.

전차 전쟁	116
마라톤 전투	118
세상을 정복하라	120
가장 끔찍한 날	122
언덕 위 최후의 항전	124
바다로부터의 공포	126
정복자 또는 학살자	128
날렵한 사무라이	130
백 년 전쟁	132
잉카 제국의 멸망	134
무적함대	136
알라모의 공방전	138
마지막 저항	140
줄루 파워	142
참호 밖으로	144
저격수의 활약	146
탱크 전쟁	148

◀ 철판 갑옷은 아무리 좋은 칼로도 쉽게 뚫을 수 없었기 때문에 이를 상대하는 병사들은 약점을 찾아내는 것을 목표로 삼거나 철퇴 같은 둔기로 세게 내리치는 식으로 대처했어요.

전차 전쟁

기원전 1274년 5월, 대규모의 두 군대가 시리아의 카데시 지역 근처 오론테스 강변에 일제히 모여들었어요. 이집트의 파라오 람세스 2세는 2000대의 전차와 2만 명의 병사를 이끌고 왔어요. 이에 맞선 히타이트 군대는 규모가 더 커서 3500대의 전차와 5만 명의 병사를 갖추고 있었지요. 역사상 최대 규모의 전차 전투로 기록된 이곳에서 수천 명의 병사들이 목숨을 잃었답니다.

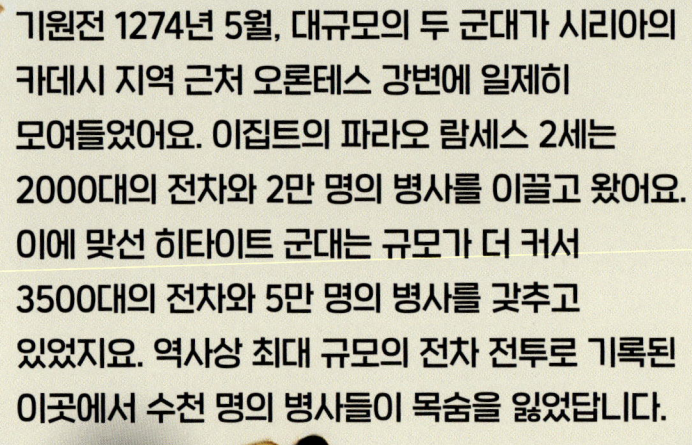

▲ 카데시 전투에서 람세스 2세는 전차를 직접 몰고 전투에 나섰어요. 보통은 전차를 모는 병사가 따로 있었을 거예요.

강을 끼고 싸우다

람세스 2세와 그가 이끄는 이집트 군대는 카데시를 향해 북쪽으로 전진하고 있었어요. 히타이트의 군대가 좀 더 북쪽에 진을 치고 있다고 생각했거든요. 하지만 히타이트군은 오론테스강 건너편에 숨어 있었어요. 그러다가 이집트군의 뒤쪽에서 기습 공격을 시작했지요. 강을 건너 점점 더 몰려드는 히타이트의 전차들에 맞서 람세스 2세는 반격에 나섰어요. 그렇게 양쪽 모두 포기할 때까지 전진과 후퇴가 반복되었지요. 그 사이 히타이트의 전차들은 뒤로 물러나는 도중에 많은 수가 오론테스강 속에 가라앉고 말았답니다.

람세스 2세

고대 이집트에서 제일 주목할 만한 파라오 가운데 한 사람인 람세스 2세(기원전 1303~기원전 1213)는 기원전 1279년 25세의 나이로 왕위에 올라 66년 동안 이집트를 다스렸어요. 그 사이 북쪽에서는 히타이트와, 남쪽에서는 리비아와 전쟁을 벌였지요. 그림과 조각에서도 람세스 2세는 전차에 올라 병사들을 전쟁터로 이끄는 모습으로 자주 나온답니다. 그는 신전을 많이 세웠는데 그중에서도 특히 거대한 2개의 신전이 유명해요. 이른바 '아부심벨 신전'으로, 나일강 기슭의 아부심벨 지역에 있는 단단한 바위를 깎아서 만든 거예요.

이집트 대 히타이트

기원전 1700년대	지금의 튀르키예 중부에 히타이트인들이 큰 제국을 건설했어요.
기원전 1295년	무와탈리 2세가 히타이트의 왕이 되었어요.
기원전 1279년	람세스 2세가 이집트의 왕이 되었어요.
기원전 1274년	**람세스 2세가 이끄는 이집트군과 히타이트군 사이에 '카데시 전투'가 벌어졌어요.**
기원전 1272년	무와타이 2세가 세상을 떠났어요.
기원전 1264년	이집트 남부 아부심벨 지역에서 2개의 거대한 신전을 세우는 공사가 시작되었어요.
기원전 1258년	람세스 2세가 히타이트의 새로운 왕 하투실리 3세와 평화 조약을 맺었어요.
기원전 1213년	람세스 2세가 세상을 떠났어요. 그는 왕가의 계곡에 묻혔답니다.

◀ 평화 조약의 내용이 석판에 남아 있어요.

평화의 시간

카데시 전투가 끝나고 람세스 2세는 승리를 선언했어요. 하지만 어느 쪽도 승리를 거두진 못했답니다. 람세스가 이집트로 돌아가는 동안 히타이트군이 레바논에 위치한 이집트의 땅 2곳을 차지했거든요. 1258년에 람세스는 히타이트의 왕 하투실리 3세와 전쟁을 끝내기 위한 평화 조약을 맺었답니다. 이것은 적으로 맞서 싸우던 나라들 사이에 체결된 역사상 최초의 평화 조약이에요.

이집트의 무기
① 전투용 도끼 ② 상아 손잡이가 달린 단검 ③ 입실론(그리스 글자 ε) 모양의 도끼

공격과 방어

이집트군의 주된 무기는 뿔로 보강한 나무 활이었어요. 나무로 만든 화살 끝에 청동이나 철 또는 뼈로 된 화살촉을 달았고, 175미터까지 날려 보낼 수 있었지요. 양쪽 군대는 도끼, 긴 칼과 짧은 칼 그리고 청동으로 만든 손도끼를 들고 싸웠어요. 그리고 단순한 모양의 청동 방패로 자신을 보호했지요.

바퀴 달린 전차

2마리의 말이 끄는 가벼운 나무 전차는 6개의 바큇살이 있는 바퀴 2개가 달려 있었고, 사람이 서서 탈 수 있는 공간이 있었어요. 한 사람은 전차를 몰았고 다른 한 사람은 싸움을 맡았지요. 전차를 잘 모는 사람은 시간당 최대 38킬로미터까지 속도를 낼 수 있었고 급하게 휘어지는 구간도 쉽게 통과했답니다.

'마라톤 전투

강력한 페르시아 제국을 이끌었던 다리우스 1세는 기원전 490년, 자신의 말을 순순히 따르지 않는 그리스의 도시 국가들을 쳐부수기로 결정했어요. 그는 약 2만 5000명에 이르는 대규모 병력을 모아 600척의 트리에레스(3단으로 된 노를 저어서 움직이는 커다란 배)에 태우고 에게해 너머로 원정을 보냈답니다. 당시 그리스의 '마라톤' 평원에서 벌어진 전투로 인해 다리우스의 야심 찬 계획은 끝장이 나고 말았어요. 그리스 군대가 훨씬 더 큰 규모의 페르시아군을 크게 이겼거든요.

공격

페르시아 함대는 주요한 공격 목표였던 아테네에서 가까운 마라톤 지역에 도착했어요. 2만 5000명에 이르는 페르시아의 병력은 그리스군의 2배나 되었지요. 그리스의 장군 밀티아데스는 갑옷과 투구를 갖춘 장갑보병을 옆으로 길고 가느다란 대열로 만들어 적 앞에 배치했어요. 그리스군은 페르시아 군대의 옆쪽이나 끝자락에서 압도적인 승리를 거뒀어요. 하지만 중앙에 배치된 그리스 병사들은 페르시아군에서 날아오는 불화살로 인해 무너지기 시작했지요. 그들이 곤란을 겪고 있다는 소식을 듣고 그리스의 병사들이 더 많이 몰려들었어요. 결국 페르시아군은 전투에서 패배해 물러나고 말았답니다.

▼ 그리스 병사들은 서로의 간격을 좁혀 '밀집 대형'을 이룸으로써 페르시아군을 압박할 수 있었고, 그 덕에 결국 승리를 거두게 되었답니다.

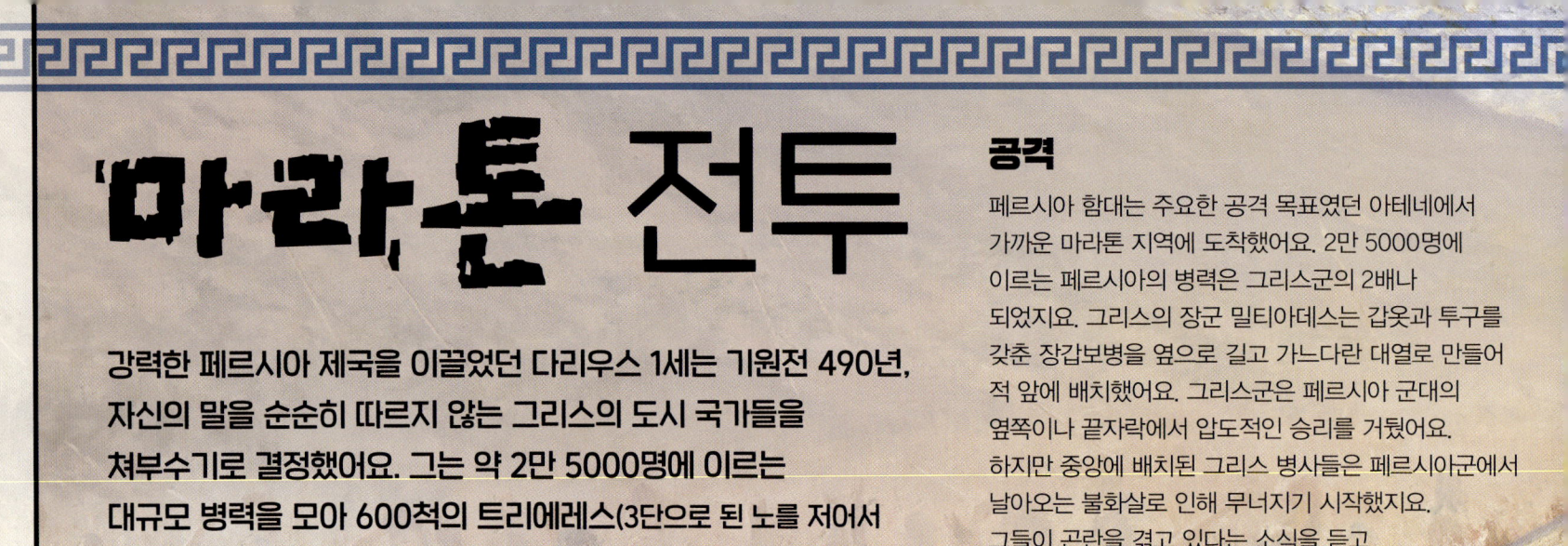

▼ 밀집해 있는 대열 속에서 적군은 그 방어선을 넘기가 불가능했어요.

최강의 대열

당시 그리스의 병사들을 가리켜 일명 '기갑보병'이라고 해요. 전투에 나설 때 그들은 긴 창과 칼, 크고 둥근 청동 방패로 무장했어요. 청동 투구와 리넨으로 만든 몸통 갑옷, 정강이 보호대도 갖췄지요. 전쟁터에서 기갑보병들은 촘촘한 대열을 이루고 다 같이 방패를 들어 서로를 보호하면서 창을 치켜들었답니다.

그리스 대 페르시아

기원전 499년	튀르키예 서쪽의 그리스인들이 페르시아의 지배에 저항했지만, 곧 제압당했어요.
기원전 490년	다리우스 1세의 지휘 하에 페르시아군이 그리스로 쳐들어갔지만 '마라톤 전투'에서 패배했어요.
기원전 480년	크세르크세스 1세의 지휘 하에 페르시아군이 다시 쳐들어와 '테르모필레 전투'에서 그리스군을 무찔렀어요.
기원전 480년	그리스군이 살라미스 해전에서 페르시아 해군을 무찔렀어요.
기원전 479년	플라타이아이 전투와 미칼레(튀르키예반도의 옛 이름)에서 그리스군이 승리를 거두면서 페르시아군은 그리스에서 물러날 수밖에 없게 되었어요.
기원전 449년	이제 그만 전쟁을 끝마치기로 하고 양쪽 사이에 평화 조약이 맺어졌어요.

바다로 도망치다

마라톤 전투가 끝날 무렵, 페르시아군은 6400명이 목숨을 잃은 반면 그리스군의 희생자는 192명에 불과했어요. 목숨이 남아 있던 페르시아 병사들은 우왕좌왕하며 전쟁터에서 줄행랑쳤고 그 뒤를 그리스 병사가 바짝 뒤쫓았어요. 함대로 도망치던 도중 페르시아군의 일부는 근처 늪에 빠져 죽기도 했답니다.

▶ 페르시아 병사의 약 3분의 2는 가까스로 배에 올라 조국으로 돌아갈 수 있었답니다.

마라톤의 전설

그리스의 전설이 전하는 바에 따르면, 마라톤 전투가 끝나자 연락병이었던 페이디피데스는 승리 소식을 전하기 위해 고향인 아테네까지 뛰어갔다고 해요. 그렇게 42킬로미터를 쉬지 않고 달려서 아테네 의회에 도착한 그는 "우리가 이겼습니다!"라는 말을 남기고 숨을 거뒀답니다. 지금의 마라톤 경기는 페이디피데스의 그런 업적을 기리는 의미를 담고 있어요.

▶ 아테네 근처의 올림픽 마라톤 코스 옆에는 페이디피데스의 동상이 서 있답니다.

고대 그리스의 병사들은 말을 타는 경우가 거의 없었어요. 말을 타고 창을 던졌다가는 말의 뒤쪽으로 떨어지기 십상이었거든요!

세상을 정복하라

▲ 알렉산더가 마케도니아의 기병을 이끌고 강 너머에 있는 페르시아군을 공격하기 위해 강을 건너고 있어요.

세계 역사에서 '대왕'이라는 칭호를 얻은 사람은 별로 없어요. 몇 안 되는 그런 사람들 중 한 명이 '알렉산더'랍니다. 20세에 알렉산더는 마케도니아의 왕이 되었어요. 그러고는 세 번의 큰 승리 끝에 방대한 페르시아 제국을 손에 넣었지요. 알렉산더는 인도를 비롯해 당시 알려져 있던 나머지 모든 나라로 계속 쳐들어가려고 했지만 그의 군대는 고향인 마케도니아로 돌아가고 싶어 했어요. 그리하여 세계를 정복하려 했던 그의 꿈은 결국 이루어지지 못했답니다.

그라니쿠스 : 기원전 334년

알렉산더는 4만 3000명의 보병(걸어서 다니는 병사)과 6100명의 기병(말을 타고 다니는 병사)을 이끌고 아시아의 페르시아 제국과 그리스 사이를 가르는 물길을 건너갔어요. 알렉산더 군대는 페르시아의 대규모 주력 군대와 멀리 떨어진 지점에서 강을 건넜답니다. 그러고는 크라니쿠스강 기슭에 주둔해 있던 페르시아의 소규모 군대를 상대로 전투에 돌입했어요. 뒤늦게 이를 알아챈 페르시아군은 재빨리 군대를 다시 배치해야 했고, 그러는 틈을 타 알렉산더의 군대는 페르시아군을 손쉽게 무찌를 수 있었답니다.

> 알렉산더 대왕과 그가 이끄는 원정군은 11년간 정복 전쟁을 벌이며 거의 3만 2000킬로미터에 이르는 거리를 이동했어요.

이수스 : 기원전 334년

그라니쿠스 전투에서 승리를 거둔 알렉산더는 계속해서 남쪽으로 이동하면서 페르시아 제국의 손아귀에서 여러 도시들을 풀어 주었어요. 그러자 다리우스 3세가 이끄는 훨씬 더 큰 규모의 페르시아 군대가 이수스(지금의 튀르키예) 지역에서 마케도니아 군대를 막아섰어요. 병사들의 수로 따지면 마케도니아군이 훨씬 불리했지만, 마케도니아 군대는 더 강력하고 잘 훈련된 병사를 거느리고 있었지요. 다리우스 왕은 그 전투를 포기하고 심지어 어머니와 아내, 두 딸과 많은 양의 보물을 남긴 채 달아나 버렸답니다.

▲ 이수스 전투를 묘사한 로마의 모자이크 그림이에요. 페르시아의 다리우스 왕(오른쪽 끝)이 전차에 올라 황급히 달아나려고 하는 와중에 알렉산더(왼쪽)가 페르시아의 기병을 창으로 찌르고 있어요.

◀ 알렉산더는 '부케팔로스'라는 말과 16년을 함께했어요. 모든 전투에 이 말을 타고 나갔답니다. (이 사진은 영화 〈알렉산더(2004)〉의 한 장면이에요.)

알렉산더의 제국

기원전 356년	마케도니아의 수도 펠라에서 알렉산더가 태어났어요.
기원전 336년	아버지 필립 2세가 세상을 떠나자 왕이 되었어요.
기원전 334년	그라니쿠스 전투에서 페르시아군을 상대로 첫 번째 중요한 승리를 거뒀어요.
기원전 334년	이수스 전투에서 페르시아의 다리우스 왕을 무찔렀어요.
기원전 332년	이집트를 정복했어요.
기원전 331년	가우가멜라 전투에서 압승을 거두고 페르시아 제국을 손에 넣었어요.
기원전 327년	인도를 향해 나아갔어요.
기원전 326년	히다스페스 전투에서 승리했어요.
기원전 323년	바빌론에서 열병으로 세상을 떠났어요.

가우가멜라 : 기원전 331년

알렉산더는 이수스에서 남쪽으로 내려가 페르시아가 지배하고 있던 이집트를 정복했어요. 이러한 승승장구의 기세로 알렉산더는 이제 페르시아 제국의 나머지 땅들도 모조리 접수할 채비를 갖추었어요. 기원전 331년 10월, 양쪽 군대는 가우가멜라(지금의 이라크)의 흙먼지 자욱한 평원에서 맞붙었어요. 다리우스 왕은 25만 명의 군사를 이끌고 왔지만, 알렉산더에게는 4만 7000명의 병사밖에 없었지요. 하지만 이번에도 알렉산더는 뛰어난 전술로 전투에서 승리를 거뒀어요. 다리우스는 도망을 쳤고, 나중에 알렉산더가 페르시아 제국의 수도 수사를 점령했을 때 그곳에서 죽음을 맞이했어요. 이로써 알렉산더는 마침내 페르시아 제국을 손에 넣을 수 있었답니다.

▭ 알렉산더의 제국
〰 알렉산더의 원정길

히다스페스 : 기원전 326년

기원전 326년 5월, 알렉산더는 펀자브(고대 인도의 한 지역으로, 지금은 인도와 파키스탄에 나뉘어 속해 있어요)의 군대와 전투를 치렀어요. 양쪽 군대는 인더스강의 지류인 히다스페스 강가에서 맞붙었지만, 포루스의 왕 포루스의 영토였지요. 포루스는 병사 3만 명에 더해 100마리가 넘는 전쟁용 코끼리까지 이끌고 나왔답니다. 포루스의 알렉산더에게는 1만 1000명의 병사가 전부였지만, 포루스의 군대 앞줄에 배치된 코끼리들이 달려들며 앞에 있는 모든 것을 마구 짓밟아 버리자 알렉산더군의 병사들은 공포감에 휩싸였어요. 하지만 치열한 전투 끝에 포루스 왕이 알렉산더군에게 붙잡혔고 그의 군대는 패하고 말았지요. 이 전투는 알렉산더가 마지막으로 치른 주요한 전투였어요.

▼ 전쟁용으로 훈련된 코끼리들은 빠르게 달렸고, 넓은 등에 궁수(활을 쏘는 병사) 여러 명을 태우고 다녔어요. 하지만 겁을 집어먹기 일쑤였고, 겁을 먹으면 앞뒤 안 가리고 양쪽 병사들을 짓밟아 죽이곤 했답니다.

기 전을 끌다

로마 제국과 카르타고(북아프리카의 도시 국가)는 100년이 넘는 기간 동안 세 차례의 긴 전쟁을 치렀어요. 지중해를 지배하기 위해 벌였던 이 전쟁을 '포에니 전쟁'이라고 한답니다. 기원전 216년 로마의 패배로 끝난 '칸나에 전투'는 당시 있었던 큰 전투들 가운데서도 역사상 가장 끔찍한 전투 중 하나로 꼽혀요.

로마 대 카르타고

기원전 264~241년 제1차 포에니 전쟁 : 로마와 카르타고가 시칠리아의 지배권을 놓고 맞붙었어요. 카르타고의 패배로 끝이 났어요.

기원전 260년 로마 해군이 밀레 해전에서 카르타고군을 무찔렀어요.

기원전 218~201년 제2차 포에니 전쟁 : 카르타고가 1차전에 대한 복수를 위해 다시 전쟁을 일으켰지만 패배하고 말았답니다.

기원전 218년 카르타고의 한니발 장군이 이탈리아 북부 트레비아에서 로마군과 싸워 큰 승리를 거뒀어요.

기원전 217년 한니발 장군이 이탈리아 중부의 트라시메노 호수에서 큰 승리를 거뒀어요.

기원전 216년 한니발이 또다시 칸나에 전투에서 크게 승리했어요.

기원전 149~146년 제3차 포에니 전쟁 : 로마가 카르타고를 제3차 포에니 전쟁 : 로마가 카르타고를 이겼고 그 도시를 쑥대밭으로 만들어 버렸어요.

제1차 포에니 전쟁 기원전 264~241년

기원전 264년, 로마 군대가 이탈리아의 시칠리아를 차지하기 위해 카르타고와 맞붙었을 때, 로마는 손쉽게 시칠리아를 손에 넣었어요. 바다는 로마가 못했어요. 로마는 재빨리 손에 넣지 못했지만, 트리에레스(3단 갤리선) 함대를 조직하고, 긴 나무판 이패쿠에, 직공을 박은 '코르부스'라는 것을 개발했죠. 적이 배가 가까이 다가오면 로마군은 직공이 박힌 배 김판에 크로부스를 걸쳐 놓고 적이 배로 건너가 적군을 죽일 수 있었지요. 이러한 전쟁 도구의 덕분으로 로마 군대는 기원전 260년 밀레 해전에서 벌어진 해전에서 승리하고 말았답니다. 그 뒤로 전쟁이 지금까지 계속되다가 기원전 241년에 마침내 로마가 승리를 가두고, 시칠리아도 로마의 차지가 되었답니다.

▶ 제3차 포에니 전쟁에서 로마 함대는 시칠리아의 앞바다 밀레에서 카르타고군을 공격해 물리쳤어요.

▶ 기원전 218년, 카르타고의 한니발 장군은 코끼리 37마리와 3만 명의 병사들을 이끌고 알프스산을 넘어 로마를 뒤쫓아서 치고 들어갔어요.

제2차 포에니 전쟁 기원전 218~201년

기원전 216년 7월, 카르타고군이 이탈리아 남부 칸네에 있는 로마의 주요 보급 창고를 점령했어요. 이에 8만 6000명의 로마 군대가 카르타고군을 쫓아내기 위해 전투에 나섰답니다.

이들은 8월 2일에 맞붙었어요. 로마군은 카르타고의 한니발 장군이 이끄는 앞으로 몰아붙였는데, 카르타고군이 가운데로 후퇴하면서 로마군을 양쪽에서 감싸는 듯한 전선(戰線)이 만들어졌지요. 결국은 포위적으로 공격을 당하고 말았어요. 결국 로마 병사들이 목숨을 잃었거든요. 5만 명이 넘는 로마 병사들이 목숨을 잃었지요.

훌륭한 보호 장비

카르타고는 튼튼한 가슴 덮개를 입고 찌르는 창과 던지는 창을 들고 싸웠어요. 그리고 코끼리들 타고 전투에 나섰답니다. 코끼리가 겁을 먹으면 자기편 병사들을 짓밟아 죽이는 경우도 있긴 했지만 말이에요. 북 아프리카에서 이 짐승을 데려와 노예들이 도움군으로 일한 탓이군. 막내기가 명령으로 일정한 말을 듣는 동물군으로 프랑스에서 일까지 끌고 올 때도 이동했어요. 긴 칼과 창을 무기로 이용했어요.

제3차 포에니 전쟁 기원전 149~146년

카르타고는 제2차 포에니 전쟁에서도 결국 크게 졌어요. 하지만 많은 로마인들은 카르타고가 앞으로도 계속 위협을 가할 것을 두려워 했지요. 이에 로마는 기원전 149년에 대규모 군대를 보내 카르타고를 에워쌌어요. 이 포위 공격는 3년이나 계속되었고, 안에 갇힌 사람들은 굶주림에 질병에 시달리며 사망했죠. 끝난 것이요. 기원전 146년 봄, 로마 군대가 카르타고의 성벽을 허물고 쳐들어갔어요. 안에 남아 있던 주민 5만 명 모두 항복하고 말았답니다.

▲ 로마군은 카르타고를 점령하면서 모든 건물을 부수고 카르타고인들을 노예로 만들었어요.

로마인들은 카르타고 사람들을 '포에니'('페니키아' 사람이라는 뜻)라고 불렀고, 그래서 이들 사이의 전쟁에 '포에니 전쟁'이라는 이름이 붙었답니다.

언덕 위 최후의 항전

이스라엘의 사해가 훤히 내려다 보이는 높은 언덕 꼭대기에는 '마사다'라는 요새가 있어요. 서기 72년, 이스라엘을 점령한 로마군에 맞서 싸우던 유대인 반란군 960명이 이 황량한 언덕 위로 후퇴했어요. 1만 5000명의 로마 군대가 다섯 달 동안 이 요새를 포위하고 공격했지요. 73년 4월 16일, 마침내 요새를 뚫고 들어간 로마군은 그야말로 끔찍한 광경과 마주하고 말았답니다.

공격 목표 : '마사다'

마사다 요새는 사해를 기준으로 400미터 높이의 바위 언덕 꼭대기에 있어요. 여러 개의 감시탑이 설치된 기다란 벽이 이 요새를 둘러싸고 있었지요. 그 안에는 궁전, 훈련소, 무기 창고 및 많은 가게들이 있었어요. 마실 물은 물탱크에 빗물을 모아 확보했고요. 요새로 접근해 들어갈 수 있는 길은 단 세 개뿐이었어요. 그 좁은 길들을 따라가면 튼튼하게 무장한 문이 앞을 가로막고 있었답니다.

▼ 마사다 요새의 흔적과 이를 둘러싼 흙벽(성이나 요새를 공격하기 위해 그 옆에 흙으로 높이 쌓은 것)은 현재 유네스코 세계 문화유산으로 등록되어 있답니다.

북쪽 궁전

가게

감시탑

공격이 가해지면, 병사들은 무리를 지어 주변을 방패로 막았어요. 이른바 '테스투도'('거북'을 뜻하는 라틴어)라는 방패 벽이랍니다.

부디카의 반란

로마 제국은 늘 수많은 반란을 겪었어요. 73년에 유대인들이 반란을 일으키기 직전에도 부디카 여왕이 이끄는 이세니족이 런던과 다른 도시들을 점령했지요. 이로 인해 60년에 벌어진 큰 전투에서 로마군은 이세니족 수만 명을 무참하게 죽였답니다. 부디카도 이때 사망했는데, 아마도 독약을 마셨던 걸로 보여요.

▶ 영국 런던의 템스강 옆에 세워 놓은 부디카와 그 딸들의 동상이에요.

◀ 마사다에는 로마 군대가 돌로 벽을 쌓고 천막을 세워 진을 치고 있던 흔적이 많이 남아 있어요.

유대인 대 로마

기원전 63년	로마군이 고대 유대 왕국을 처음으로 점령했어요.
기원전 37~31년	유대 왕국의 헤롯 왕이 마사다에 요새를 지었어요.
기원후 6년	유대 왕국이 로마 제국의 한 지역으로 편입되었어요.
기원후 66년	유대인들이 로마의 지배에 맞서 반란을 일으켰어요.
기원후 70년	로마가 예루살렘을 다시 차지하고는 유대인의 성전을 파괴했어요.
기원후 72~73년	유대인들이 마사다 요새에서 끝까지 저항했어요.
기원후 132~136년	로마의 지배에 맞선 유대인들의 또 다른 반란이 일어났어요. 유대인들은 크게 패해서 많은 이들이 추방당했답니다.

3단계 : 성벽 안으로 돌격!

요새 안에서 로마군을 맞이한 것은 유대인들의 시신이었답니다. 그들의 지도자 엘리아자르 벤 야이르가 로마군에게 죽느니 차라리 자결을 하도록 독려했던 거예요. 요새를 지키던 960명 가운데 953명이 스스로 목숨을 끊었고, 여성 2명과 아이 5명만 우물 뒤에 숨어 있다가 산 채로 발견되었답니다.

▶ 로마군은 마사다 요새의 서쪽에 놓은 비탈길을 이용해 천천히 공성탑을 밀어 올렸어요. 다 올라가고 나서는 공성탑으로 성벽을 사정없이 강타했어요.

서쪽 궁전

로마 군대가 성벽에 구멍을 낸 곳

2단계 : 성벽을 부숴라

로마군은 성벽을 뚫고 들어가기 위해 비탈길을 이용해 공성탑(성이나 요새를 공격하기 위한 만든 탑)을 밀고 올라갔어요. 공성탑 앞부분에는 벽을 부수기 위한 망치를 달았고, 꼭대기에는 돌을 날려 보내기 위한 투석기를 설치했어요. 공성탑의 외벽은 튼튼한 나무로 만들어 안에 있는 병사가 안전을 확보할 수 있도록 했답니다.

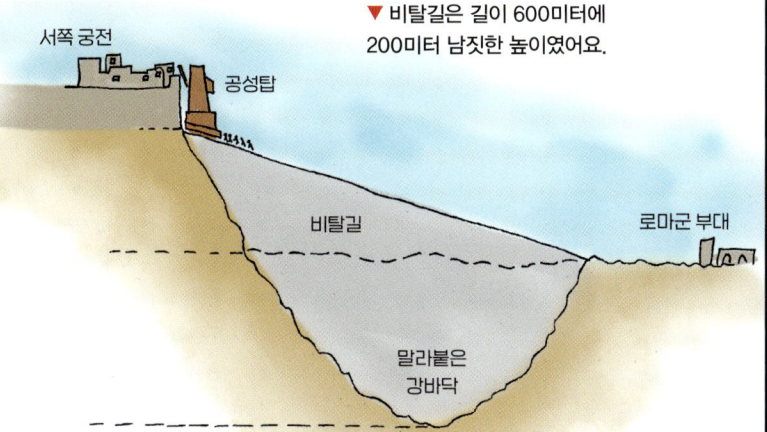

▼ 비탈길은 길이 600미터에 200미터 남짓한 높이였어요.

서쪽 궁전 · 공성탑 · 비탈길 · 말라붙은 강바닥 · 로마군 부대

작전 1단계 : 비탈길을 만들어라

72년 말에 로마군은 마사다를 에워쌌어요. 하지만 이내 이런 봉쇄 작전(음식, 물, 외부와의 연락 등을 막는 것)이 성공하려면 너무 오랜 시간이 걸릴 것이라는 사실을 깨달았지요. 유대인들은 요새 안에서 오랫동안 머물 수 있는 충분한 준비가 되어 있었거든요. 로마군은 위험한 길을 피해서 요새 안으로 빠르게 들어갈 방법을 찾아야 했어요. 그래서 떠올린 방법이 언덕의 서쪽 면에 거대한 비탈길을 만드는 것이었어요. 만드는 동안 끊임없는 공격이 이어졌지만 멈추지 않고 계속해서 결국 비탈길을 완성하고야 말았답니다.

바다로부터의 공포

앵글로색슨 대 바이킹

400년대	앵글로색슨족이 잉글랜드에 처음 정착했어요.
793년	바이킹이 잉글랜드의 린디스판섬에 있는 수도원을 습격했어요.
866년	바이킹이 잉글랜드 동쪽 지역을 점령했어요.
878년	바이킹으로 인해 잉글랜드가 두 쪽으로 나뉘었어요.
918년	잉글랜드 땅에서 바이킹을 몰아냈어요.
980년	바이킹이 또다시 잉글랜드를 침략하기 시작했어요.
991년	**몰던 전투에서 바이킹이 큰 승리를 거뒀어요.**
1016년	바이킹을 이끌던 크누트가 잉글랜드 전체를 통치했어요.
1066년	노르망디에 사는 바이킹 정착민들의 후손들이 헤이스팅스 전투에서 승리해 잉글랜드를 지배했어요.

793년부터 잉글랜드의 앵글로색슨족은 바다에서 가해지는 새로운 위협에 맞닥뜨렸어요. 바이킹 침략자들은 긴 배를 타고 해안을 휩쓸고 다니면서 육지에 닿을 때마다 사람을 죽이고 물건을 빼앗아갔어요. 이에 앵글로색슨의 방어군은 용감하게 맞섰지만 바이킹들은 발 빠르게 움직였고, 이들 사이의 전투는 종종 앵글로색슨족의 대규모 죽음으로 이어지곤 했지요. 앵글로색슨족은 여러 개의 작은 왕국을 이루고 있었지만 이 왕국의 전사들은 사나운 바이킹을 상대하기엔 여러모로 부족했답니다.

▲ 긴 배의 뱃머리에는 용이나 맹수를 조각해 넣었어요. 상대편 적들에게 공포감을 주기 위해서였지요.

공포의 긴 배

바이킹 침략자들은 나무로 만든 긴 배를 타고 바다를 누비고 다녔어요. 이 배는 길이 22미터에 폭이 5미터였고, 최대 30명까지 태울 수 있었지요. 배의 몸통(선체)이 얕기 때문에 강을 따라 육지 안쪽까지 들어올 수도 있었어요. 습격에 나설 때는 배를 해변까지 끌고 올라와 물건을 훔치고 재빨리 배에 올라타 달아나곤 했답니다!

바이킹은 자신의 칼을 소중하게 여겨서, 자기 칼에 '발을 물어뜯는 짐승' '다리를 물어뜯는 짐승' 등의 이름을 지어 주는 경우가 많았답니다.

몰던 전투

991년 8월, 바이킹 함대가 잉글랜드 동부의 에섹스 지역으로 항해해 노헤이섬에 상륙했어요. 썰물 때가 되어 물이 빠지자 바이킹은 배에서 내려 육지로 이어지는 길을 따라 걸어갔어요. 그런데 3000명의 앵글로색슨족 병사들에게 가로막혀 버리고 말았지요. 바이킹의 왕인 올라프 트뤼그바손은 앵글로색슨족 리더인 바이르트노트에게 그냥 지나가게 해 달라고 요청했고 바이르트노트는 그 요청을 들어줬어요. 육지에 다다르자 바이킹들은 적으로 돌변해서 전투에 나섰고 앵글로색슨 병사들을 몰살해 버렸답니다.

▶ 바이킹은 몰던에서 앵글로색슨 군대를 속이고 함정에 빠뜨려 약삭빠른 승리를 거두었어요.

사나운 전사들

바이킹 침략자들은 긴 배에서 펄쩍 뛰어내려 적들을 공포에 떨게 했어요. 그들은 물건을 빼앗고 보물을 차지하기도 했지만, 자리를 잡고 살아갈 땅과 지배할 나라들을 찾아다니기도 했어요. 바이킹 전사들은 목숨보다 명예를 더 중요하게 여겼답니다. 전투가 시작되기 전, 바이킹 전사들은 동물의 가죽을 뒤집어쓰고 소리를 지르고 방패를 물어뜯으며 분위기를 달구었어요. 그러고는 사나운 동물처럼 울부짖으며 적을 향해 달려들었지요.

베고 자르고

바이킹이 주로 쓰던 무기는 도끼와 긴 칼, 찌르는 창이었고 모두 철로 만든 것이었어요. 길고 양쪽에 날이 달린 칼은 적을 찌르기보다 내리쳐서 살을 베는 식으로 사용했어요. 바이킹의 기병들은 말에 올라 긴 창으로 적을 향해 뚫어 버렸어요. 전투가 벌어지면 적을 향해 창과 도끼, 화살을 사정없이 휘두르고 쏘아 댔어요. 그리고 둥근 방패로 적의 공격을 막아 냈지요.

▶ 전투용 도끼에는 최대 30센티미터에 이르는 너비의 철로 된 칼날과 최대 2미터 길이의 나무 손잡이가 달려 있었어요.

정복자 또는 학살자

몽골족은 잔인한 전사들로, 적을 만나면 모조리 죽여 버렸어요. 전쟁에서 승리를 거듭한 끝에 몽골족은 마침내 어마어마하게 거대한 제국을 이룩했어요. 동쪽으로는 아시아를 가로질러 중국에서부터 서쪽으로는 흑해까지 영토를 넓혔답니다. 1258년에 훌라구가 이끄는 몽골의 군대가 바그다드를 점령했어요. 이제 곧 이 도시에서 무참한 학살이 벌어질 거예요.

칭기즈칸의 시대

몽골족은 원래 중국의 북쪽 몽골 지역의 스텝 지대(나무는 거의 없고 풀만 많이 자라는 곳)에서 살던 유목민(가축을 기르고 사냥을 하면서 물과 풀이 있는 곳을 따라 옮겨다니는 사람들)이었답니다. 젊은 청년이었던 칭기즈칸은 서로 싸우던 몽골 부족을 통일했고, 1206년에 이어 지도자로 뽑혔어요. 그는 중국의 북쪽 지방으로 쳐들어갔고 곧이어 중앙아시아 대부분을 차지했지요. 그의 아들인 오고타이는 러시아를 정복했고, 동유럽과 지중해까지 치고 나아갔어요.

말을 탄 전사들

몽골족은 말을 타는 재주가 뛰어났어요. 튼튼한 말을 타고 아주 멀리까지 갈 수 있었지요. 몽골족 전사들은 각자 말을 여러 마리 가지고 있었고, 말이 지치지 않도록 자주 갈아탔어요. 활솜씨가 좋은 궁수들이 적들의 머리 위로 비오듯 화살을 쏟아부었고, 긴 창을 든 병사들은 적과 가까이 붙어서 싸웠어요.

▲ 칭기즈칸은 두려움을 모르는 전사였어요. 1227년에 세상을 떠날 때까지 그는 역사상 가장 큰 제국을 통치했어요.

▲ 몽골족 전사들은 가죽 갑옷을 입고 가죽 투구를 쓰고, 둥글고 작은 가죽 방패를 들고 다녔어요.

몽골 제국

1206년	칭기즈칸이 리더십을 발휘해 몽골 부족들을 하나로 통일시켰어요.
1211년	칭기즈칸이 중국의 북쪽으로 쳐들어갔어요.
1219년	몽골족이 중앙아시아를 정복했어요.
1237년	몽골족이 러시아를 침략했어요.
1241년	몽골족이 동유럽으로 쳐들어갔고 폴란드에서 독일의 대규모 군대를 물리쳤어요.
1258년	**훌라구가 이끄는 몽골족 군대가 바그다드를 점령했어요.**
1259년	몽골 제국이 여러 나라로 갈라졌어요.
1268~1279년	쿠빌라이칸이 이끄는 몽골족이 중국 남부를 정복했어요.

바그다드를 차지하다

1256년, 칭기즈칸의 손자인 훌라구가 이끄는 몽골 군대가 바그다드로 갔어요. 바그다드를 다스리던 칼리프는 항복하지 않고 도시의 문을 걸어 잠가 버렸답니다. 한편 또 다른 몽골 군대는 한 이슬람교도들을 습지로 유인해 유프라테스강의 둑을 허물고 그들을 모두 물에 빠뜨려 죽였어요.

▲ 훌라구는 1256년부터 1265년에 세상을 떠날 때까지 몽골을 통치했어요. 그가 왕위에 있는 동안 몽골 군대는 바그다드와 중동 지역 대부분을 차지했답니다.

끔찍한 공성전

1258년 2월에 몽골족 군대는 바그다드의 저항을 뚫고 기어이 안으로 쳐들어갔어요. 그러고는 칼리프를 항복시켰고, 9만 명이 넘는 사람들을 마구 죽였어요. 몽골군은 보물이 숨겨진 곳을 털어놓을 때까지 칼리프를 살려 두었지만, 보물을 찾고 나서는 결국 양탄자에 돌돌 말아서 짓밟아 죽였답니다.

▲ 몽골족이 바그다드를 둘러쌌어요. 그리고 성안으로 들어가서는 건물을 모조리 불태워 버렸답니다.

▲ 수적으로 열세였던 미나모토의 군대는 구리카라 전투에서 다이라 가문을 상대로 승리를 거두었어요.

날렵한 사무라이

사무라이는 적들에게 그 이름만으로도 공포의 대상이었어요. 뛰어난 무술 실력을 갈고닦은 이 일본의 무사들은 자신의 주군을 위해 싸우고 죽었어요. 말을 타고 전쟁터로 뛰어들다가도 종종 말에서 내려 일 대 일 대결을 벌이며 죽을 때까지 싸우곤 했지요. 이 대결의 승자는 자신의 용맹함과 무술 실력을 확인시키는 의미로 상대방의 목을 베었답니다.

구리카라 전투

1183년, 다이라 가문의 10만 대군은 라이벌이자 절반 규모의 병력을 갖춘 구리카라 지역의 미나모토 가문과 전쟁을 치르기 위해 북쪽으로 전진했어요. 다이라의 군대는 산길 꼭대기에 자리를 잡았고, 그 아래에 있었던 미나모토의 군대를 향해 활을 쏘아 댔어요. 미나모토 군대도 활로 반격하면서 싸움이 계속되는 동안, 미나모토의 병사들은 몰래 적군의 뒤쪽으로 가서 황소들의 뿔에 횃불을 매달아 적군에게로 달려들게 했어요.

다이라 가문의 병사들은 놀라서 황급히 도망을 쳤고 많은 이들이 산길에서 떨어져 죽었어요. 남은 병사들도 모조리 살해되었지요. 승리를 거둔 미나모토 가문은 이 전투를 계기로 일본의 실질적인 통치 세력으로 올라섰어요.

사무라이와 무사도

사무라이들은 높은 신분의 무사 계층으로, 신분에 맞는 강력한 규율인 '무사도'를 철저히 따랐어요. 무사도는 사무라이가 살면서 해야 할 도리를 엄격하게 규정하고 있었어요. 본격적인 전투가 시작되기 전에 그들 사이에는 먼저 말을 통한 논쟁, 다시 말해 설전이 벌어지곤 했어요. 그런 뒤 전투 현장에서 마주하고 나면 양쪽 군대는 엄격한 절차를 따라야 했지요. 먼저, 양쪽 진영의 최고 무사들이 맞대결을 벌여요. 두 사람은 말에 탄 채로 실력을 겨루다가 이내 말에서 내려 백병전(서로 바짝 맞붙어서 싸우는 것)에 나서지요. 이 결투가 끝나면 양쪽 군대 전체가 본격적인 전투에 돌입했답니다.

◀ 일 대 일 결투에서 사무라이들은 칼날이 휘어져 있는 긴 칼을 들고 싸웠어요.

미나모토 대 다이라

1180~1185년	다이라 가문과 미나모토 가문 사이에 '겐페이 전쟁'(일본 전역에서 벌어진 내전) 벌어졌어요.
1183년	**구리카라 전투에서 미나모토 가문의 군대가 승리했어요.**
1192년	미나모토 요리토모가 가마쿠라 막부를 조직해 일본의 첫 군사 정권을 세웠어요.
1274년	몽골족의 함대가 일본을 침략했어요.
1281년	몽골족이 다시 침략해 들어왔다가 허망하게 물러나요.
1867년	일본이 새로운 정부를 세우면서 막부가 사라졌어요.
1873년	사무라이 계급이 결국 없어졌어요.

강철 칼날

사무라이들이 주로 쓰던 무기는 기다란 칼이에요. 싸움에 나설 때는 '가타나(일본도)'라는 칼을 많이 사용했어요. 가타나는 칼날이 길게 휘어져 있고 날카로운 칼끝이 위를 향하고 있어서 상대방을 순식간에 벨 수 있었지요. 칼날은 날카롭고 단단하게 잘 다듬어진 강철로 되어 있었어요. 사무라이들은 또한 '단토'라는 단검도 가지고 다녔답니다. 몸을 보호하기 위해 튼튼하게 속을 채운 갑옷도 입었어요.

◀ '츠바'는 칼의 손잡이 끝에 있는 금속 보호 장비예요. 칼을 잡은 사람의 손이 칼날로 미끄러지는 것을 방지해 주었지요.

▲ 사무라이들은 '가타나'를 소중하게 다루었고, '요괴를 베다'와 같은 이름을 붙여 주기도 했어요.

몽골의 침략

1274년 11월에 900척의 배가 4만 명의 몽골 병사들을 싣고 일본의 하카타만에 도착했어요. 몽골군은 수많은 궁수들을 앞세워 사무라이를 공격했어요. 그런데 사무라이들이 패배를 코앞에 둔 상황에서 어쩐 일인지 몽골군이 갑자기 뒤로 물러나 철수를 했답니다. 1281년에 몽골족은 15만 명의 군사를 이끌고 다시 쳐들어왔어요. 이번에는 사무라이들도 해안 방어 채비를 단단히 갖추었지요. 몽골족은 해안에서 떨어진 섬으로 일단 물러섰어요. 그런데 사무라이들이 몽골군의 함대를 공격할 준비를 하던 와중에 갑자기 태풍이 불어닥쳐 몽골군의 함대가 모조리 바닷속으로 가라앉아 버렸어요. 일본에서는 이 태풍을 '신의 바람'이라는 뜻의 '가미카제'라고 한답니다. 그 뒤로 몽골족은 다시는 일본을 침략할 시도를 하지 않았어요.

▶ 사무라이들은 활쏘기에도 능했어요. 사무라이들이 쓰는 '유미'라는 활은 최대 370미터까지 화살을 날려 보낼 수 있었어요.

백 년 전쟁

'백 년 전쟁'은 역사상 가장 오래 지속된 전쟁이에요. 1337년에 시작되어 1453년까지 총 116년간 이어졌지요. 이 전쟁은 잉글랜드의 왕이 프랑스의 왕권을 차지하겠다고 선두에 서면서 시작되었어요. 수많은 치열한 전투가 3세기가 프랑스에서 벌어지면서 에드워드 3세가 시작했지요. 프랑스에서 영국이 손에 넣었지만 후에는 프랑스 땅에 남아 있던 주장하면서 영국이 손에 넣었지요. 전쟁은 끝이 났지요.

1346년의 충돌

백 년 전쟁의 첫 번째 큰 전투는 프랑스 북부에 있는 마을인 크레시 근처에서 벌어졌어요. 규모가 작았던 잉글랜드군은 산비탈에서 자리를 잡았어요. 이곳에 도착한 프랑스군은 규모가 훨씬 컸지만 긴 거리를 이동하느라 지쳤고 하늘을 향해 먼저 화살을 쏘아 댔지요. 서로 공수들이 이들을 향해 먼저 화살을 쏘아요. 하지만 동요하는 일부어도 적에게 닿지 못한 채 그대로 떨어지기 일쑤였고 꾼이 영국인들의 화살이 쏟아졌어요. 다음으로 프랑스가 영국 잉글랜드군을 향해 달려들었지만 기사들이 너무 격렬해 프랑스군은 속수무책으로 죽어 나갔답니다. 결과적으로 잉글랜드군은 최소 4000명이 사망했지만, 잉글랜드군은 200명에 불과했어요.

▶ 프랑스군은 둘을 쏘는 활인 '석궁'을 이용했어요. 이것은 적군에게 치명상을 입힐 수 있었지만 둘을 재우고 쏘는 속도가 느렸답니다. 잉글랜드군은 긴 활을 썼어요. 1분에 12발까지 쏠 수 있었고 상대를 정확히 맞힐 수 있었지요.

백 년 전쟁

1337년	잉글랜드 왕국의 에드워드 3세가 프랑스 왕국의 왕권을 요구하면서 전쟁을 선포했어요.
1340년	슬로이스 해전에서 잉글랜드군이 승리했어요.
1346년	크레시 전투에서 잉글랜드군이 승리했어요.
1347년	잉글랜드가 긴 공성 끝에 칼레를 차지했어요.
1356년	푸아티에 전투에서 승리해 프랑스의 왕을 포로로 붙잡았어요.
1360년	브레타니 조약으로 전쟁이 잠시 멈추었고, 잉글랜드는 프랑스 남부 대부분을 지배했어요.
1369년	프랑스인들이 처음 잉글랜드인들을 프랑스에서 쫓아내면서 전쟁이 다시 시작되었어요.
1415년	헨리 5세가 다시 프랑스의 왕권을 달라고 요구했고, 아쟁쿠르 전투에서 프랑스의 왕권을 차지했지만
1422년	헨리 5세가 오래지 않아 죽어 잉글랜드군의 승리가 드디어 불투명해졌어요.
1429년	잔다르크가 오를레앙의 공성전에서 승리를 거뒀어요.
1453년	잉글랜드가 프랑스의 칼레 지역을 차지한 채 전쟁이 끝이 났어요. 잉글랜드는 1558년까지 칼레를 지배했답니다.

1356년 푸아티에

1356년에 잉글랜드는 프랑스 서부에서 벌어진 푸아티에 전투에서 두 번째 승리를 거뒀어요. 잉글랜드군은 너무 몰려 뒤에 숨어 있었는데, 그 사이로 나 있는 길목 숲이 겨우 지나갈 수 있을 정도로 좁았어요. 그 길로 말을 탄 프랑스 기사들이 패두가 밀려들듯 한 줄로 들어서자 잉글랜드 궁수들이 활을 쏘고 화살을 맞은 말들이 좁은 길에 쓰러졌어요. 그리고 나서 잉글랜드 병사들이 몰려나와 뒤쪽에서 프랑스군을 공격했답니다.

▲ 프랑스의 왕 장 2세는 푸아티에 전투에서 잉글랜드군을 지휘한 에드워드 '검은 왕자'에게 항복을 선포했어요.

1415년 아쟁쿠르

두 나라 사이에 휴전은 잠깐 잠잠했어요. 그러다가 잉글랜드의 왕 헨리 5세가 다시 프랑스의 왕권을 요구하면서 바다 건너 프랑스로 넘어왔어요. 헨리는 잉글랜드의 병사 6000명을 2만이나 되는 프랑스군과 맞부딪쳤지요. 잉글랜드군은 좁은 길 밑 숲속에 자리를 잡았어요. 그러다 프랑스 기병이 공격을 가해 모래와 진흙탕이 진흙탕에서 주춤거릴 때 공격을 해 적군을 쓸어 내 버렸답니다. 잉글랜드는 또 한 번 승리를 거두게 되었지요. 프랑스군은 5000명 이상 목숨을 잃은 반면, 영국군의 사망자는 겨우 300명 정도였어요.

▲ 아쟁쿠르 전투를 시작하면서 잉글랜드의 헨리 5세와 그의 군대가 승리를 위해 기도를 올리는 모습이에요.

철판 갑옷

기사들은 최고 성능의 무기와 갑옷을 갖추고 있었고, 군대 안에서 가장 노련하고 실력이 뛰어난 전사들이었어요. 이들은 초기에 쇠사슬로 된 갑옷을 입었지만, 14세기에 철판 갑옷이 개발되었고 같이나 활로 쏘기가 훨씬 힘들어졌어요. 투구도 금속으로 만들었는데, 경우에 따라 이음이 열려 한쪽으로 열려 있었어요. 창만 겨눌 수 있는 열린 자리도 있었어요. 모두 합쳐서 무게가 25킬로그램 정도였다니까요.

◀ 갑옷 한 벌은 몸통과 팔다리를 모두 감쌀 수 있었어요. 무엇보다 기사들이 몸과 팔다리를 구부리고 회전하기에 충분할 만큼 가동성이 좋았답니다.

잉카 제국의 멸망

1532년에 잉카 제국이 스페인의 손에 넘어간 일은 좀처럼 보기 힘든 특이한 경우였어요. 200명이 채 안 되는 스페인 사람들이 최소 4만 명의 군대를 완전히 제압하고, 곧이어 인구 1200만 명에 이르는 제국의 황제를 포로로 붙잡았거든요.

남겨진 기록

잉카인들은 인구, 수확량, 세금 등등의 자세한 기록을 남겨 놓았어요. 그들은 글자를 읽고 쓸 줄 몰랐기 때문에 여러 색깔의 실로 매듭을 묶는 방식의 '키푸'라는 매듭 문자로 모든 기록을 정리했어요.

거대한 제국

잉카 제국은 남아메리카의 서쪽 바닷가를 따라 북쪽으로는 지금의 에콰도르부터 남쪽으로는 지금의 칠레까지 길게 뻗어 있었어요. 농사 기술도 꽤 뛰어나서, 가파른 언덕에 계단식 밭을 만들어 곡식을 키웠지요. 잉카인들은 길고 가느다란 제국을 서로 연결하기 위해 2만 킬로미터가 넘는 길도 만들었는데, 이는 1000년 전 로마 제국 이후로 가장 큰 도로망이었답니다.

제국을 정복하다

1532년, 잉카 제국 안에서 발생한 부족들 간의 오랜 전쟁이 마침내 끝났고, 그 사이 잉카 제국은 많이 쇠약해졌어요. 그해에 스페인의 정복자들인 피사로와 그가 거느린 178명의 선원이 긴 항해를 마치고 무사히 이 땅에 들어왔지요. 11월 16일 아침, 페루의 카하마르카 지역에서 피사로는 잉카 제국의 황제인 아타우알파와 그의 병사 4만 명과 맞닥뜨렸어요. 스페인의 정복자들은 곧장 총을 쏘고 아타우알파를 포로로 붙잡았어요. 잉카인들은 황제의 몸값으로 금광을 넘겨주었지만 결국 피사로는 황제를 죽이고 말았지요. 그리고 나서 그는 수도인 쿠스코로 당당히 걸어 들어가 전쟁 한 번 치르지 않고 그곳을 차지했답니다.

▼ 소규모의 스페인군은 월등한 무기로 잉카인들을 제압했어요. 그들은 철로 된 칼과 투구, 갑옷과 작은 대포를 가지고 있었어요. 반면 잉카의 병사들은 가죽 갑옷만 걸치고 있었답니다.

두 번의 실패, 그리고 세 번째의 성공

프란시스코 피사로는 1470년대 초 어느 날 가난한 집안에서 태어났어요. 그는 읽고 쓰는 교육을 받아 본 적이 한 번도 없답니다. 대신에 몇 번 배에 올라 남아메리카를 탐험한 경험이 있지요. 이후 1524년과 1526년에 잉카 제국을 정복하기 위해 두 차례 탐험대를 이끌었지만 모두 실패했어요. 페루의 북쪽 지역에서 금과 보석을 찾아낸 그는 1532년 세 번째 시도 끝에 마침내 잉카 제국을 정복했지요. 하지만 스페인의 정복자들 사이에 벌어진 다툼으로 인해 1541년 죽음을 맞이하고 말았답니다.

▲ 피사로는 안데스산맥을 넘어 카하마르카로 가는 길을 앞장서서 이끌었어요. 이런 대담함 덕분에 거대 제국을 차지할 수 있었지요.

▼ 1532년 스페인에 패배한 뒤에도 잉카인들은 스페인의 지배에 계속해서 저항하며 맞서 싸웠어요. 1536년에는 반란을 일으켜 스페인과 전쟁을 벌였지만, 1572년에 반란군 지도자가 목숨을 잃는 바람에 반란은 실패로 끝나고 말았답니다.

전쟁 무기

스페인 사람들은 석궁과 칼, 화승총을 가지고 잉카인들과 싸웠어요. 화승총은 화약을 채우고 부싯돌로 불을 붙여 총알을 발사하는 긴 총을 말해요. 무엇보다도 스페인 사람들에게는 말이 있었어요. 잉카인들은 전혀 모르던 동물이었지요. 무기를 갖추지 못한 잉카인들은 이런 낯선 무기들을 상대로 돌로 반격했답니다.

멕시코 정복

잉카 제국을 정복하기 약 11년 전, 스페인은 잉카에서 북쪽으로 몇천 킬로미터 떨어져 있는 또 다른 큰 제국을 상대로 비슷한 승리를 거뒀어요. 1519년 에스파냐 출신의 탐험가 에르난 코르테스가 600명의 선원과 17마리의 말을 이끌고 유카탄반도를 탐험했어요. 코르테스는 2년 만에 거대한 멕시코 손에 넣고 수도인 테노치티틀란을 점령했답니다. 코르테스는 스페인의 왕을 대신해 멕시코 제국을
▼ 아즈텍의 수도인 테노치티틀란은 멕시코 중부에 있는 텍스코코 호수 한가운데의 섬에 위치해 있었어요.

스페인 대 잉카 제국

1531년	프란시스코 피사로가 잉카 제국의 툼베스 지역에 도착해 아타우알파를 만나러 출발했어요.
1532년	아타우알파가 자기 형제를 누르고 승리를 거머쥐면서 잉카 제국의 내전이 끝났어요.
11월 15일	피사로가 카하마르카에 도착했어요.
11월 16일	피사로의 군대가 잉카군을 제압하고 **아타우알파를 포로로 붙잡았어요.**
1533년 7월 26일	잉카인들이 아타우알파의 몸값을 지불했지만 스페인 사람들은 그를 죽였어요.
1534년	피사로가 쿠스코에 입성해 잉카 제국을 차지했어요.

135

무적함대

1588년 5월, 스페인의 강력한 통치자였던 펠리페 2세는 해군 함대에게 출항(항구를 떠나 항해를 시작)을 명령했어요. 스페인의 거대한 함대는 총 2500개의 대포를 장착한 130척의 배로 이루어져 있었고 3만 명의 병사와 선원을 싣고 다녔답니다. 여기에 포함된 배로는 갤리언선(대형 범선), 갤리선(군용선), 보급선 등 거대 전함들이 있었고요. 스페인 함대가 향하는 곳은 잉글랜드였어요. 잉글랜드의 여왕 엘리자베스 1세를 굴복시키고 그 나라를 점령하려는 것이었지요.

박살 난 함대

스페인의 함대는 1588년 7월 29일 잉글랜드의 남부 해안에 처음으로 모습을 드러냈어요. 8월 7일에 잉글랜드는 8척의 배에 불을 붙여 스페인 함대 쪽으로 띄워 보냈고, 이에 스페인군은 다급히 닻줄을 자르고 도망칠 수밖에 없었어요. 다음 날 양국의 함대가 프랑스 북쪽에 있는 그라블린에서 마주쳤어요. 8시간 동안의 치열한 전투 끝에 스페인의 배 5척이 바다로 가라앉거나 잉글랜드군에게 붙잡혔지요. 큰 피해를 입은 스페인 함대는 좀 더 북쪽으로 이동했어요. 그런데 그만 강한 바람에 휩쓸려 산산이 부서지고 말았답니다. 이로써 잉글랜드를 위협하던 요인들도 함께 사라졌지요.

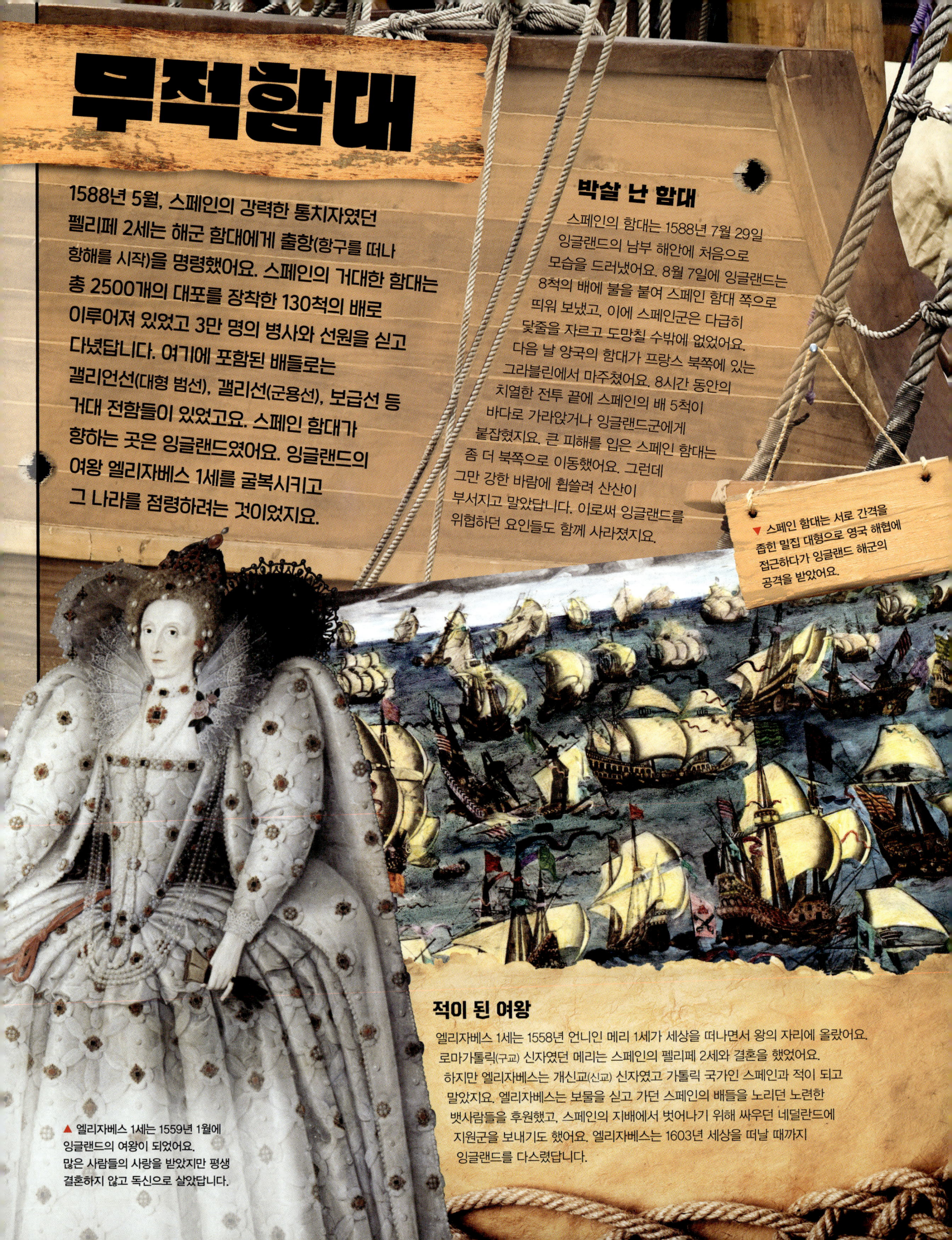

▼ 스페인 함대는 서로 간격을 좁힌 밀집 대형으로 영국 해협에 접근하다가 잉글랜드 해군의 공격을 받았어요.

▲ 엘리자베스 1세는 1559년 1월에 잉글랜드의 여왕이 되었어요. 많은 사람들의 사랑을 받았지만 평생 결혼하지 않고 독신으로 살았답니다.

적이 된 여왕

엘리자베스 1세는 1558년 언니인 메리 1세가 세상을 떠나면서 왕의 자리에 올랐어요. 로마 가톨릭(구교) 신자였던 메리는 스페인의 펠리페 2세와 결혼을 했었어요. 하지만 엘리자베스는 개신교(신교) 신자였고 가톨릭 국가인 스페인과 적이 되고 말았지요. 엘리자베스는 보물을 싣고 가던 스페인의 배들을 노리던 노련한 뱃사람들을 후원했고, 스페인의 지배에서 벗어나기 위해 싸우던 네덜란드에 지원군을 보내기도 했어요. 엘리자베스는 1603년 세상을 떠날 때까지 잉글랜드를 다스렸답니다.

스페인 대 잉글랜드

1556년	펠리페 2세가 스페인의 왕이 되었어요.
1558년	엘리자베스 1세가 잉글랜드의 여왕이 되었어요.
1585년	엘리자베스 1세가 스페인의 지배에 맞서 싸우던 네덜란드를 지원했어요.
1587년	엘리자베스 1세가 잉글랜드의 왕위를 노리던 스코틀랜드의 메리 여왕을 사형시켰어요.
4월 29~30일	드레이크가 카디스에서 스페인 함대를 공격했어요.
1588년 5월 28일	스페인 함대가 잉글랜드를 향해 항해를 시작했어요.
7월 29일	스페인 함대가 콘월의 리자드반도에 모습을 드러냈어요.
8월 6일	스페인 함대가 칼레에 닻을 내리고 진을 쳤어요.
8월 7일	잉글랜드군은 8척의 화공선(폭약을 잔뜩 싣고 불을 붙여 적에게 보내기 위한 배)을 띄워서 스페인 함대를 물리쳤어요.
8월 8일	그라블린 해전
8월 9일	스페인 함대가 북해까지 바람에 떠밀려 갔어요.
1598년	펠리페 2세가 세상을 떠났어요.
1603년	엘리자베스 1세가 세상을 떠났어요.

배가 가라앉는다!

잉글랜드군은 스페인 함대를 뒤쫓아 스코틀랜드의 북해까지 올라갔고, 스페인 함대는 영국령 섬들의 북쪽을 돌아 스페인으로 가기 위해 대서양으로 나갔어요. 그러나 스코틀랜드와 아일랜드의 바닷가에서 폭풍을 만나 50척 이상이 부서지고 2만 명이 넘는 사람들이 목숨을 잃었답니다. 스페인으로 돌아간 배는 겨우 67척에 불과했어요.

▼ 작고 빠른 잉글랜드의 배는 멀리까지 쏠 수 있는 포를 장착하고 덩치 큰 스페인의 배를 뒤쫓아가서 무찔렀어요.

▲ 1581년 프랜시스 드레이크는 '골든 하인드'라는 자신의 배 위에서 엘리자베스 여왕으로부터 기사 작위를 받았답니다.

여왕의 해적

영국의 선원들은 신대륙(아메리카)에서 금을 싣고 돌아오던 스페인의 배를 자주 공격했어요. 그중 가장 활약했던 인물이 프랜시스 드레이크예요. 1587년, 드레이크는 에스파냐 남부에 있는 항구 도시 카디스를 공격해 스페인의 무적함대에 합류할 준비 중인 배들을 박살 내 버렸어요. 이로 인해 잉글랜드를 공격하려던 스페인의 계획이 1년 정도 미뤄졌지요.

알라모의 공방전

1836년에 벌어진 알라모의 공방전은 큰 군사 충돌이나 많은 사망자가 발생한 전투는 아니었어요. 189명에 불과한 텍사스 주민들이 1500명의 멕시코 군대에 포위당한 사건이었지요. 요새를 지키던 텍사스 주민들은 모조리 목숨을 잃었어요. 하지만 그들이 싸운 목적, 즉 멕시코로부터의 독립은 얼마 지나지 않아 이루어졌답니다.

알라모 요새

멕시코 영토인 텍사스주의 주민들이 독립을 요구하고 나서면서 멕시코와 텍사스주 사이에 충돌이 발생했어요. 충돌이 한층 더 심해지던 1836년, 텍사스의 주민들로 구성된 민병대가 텍사스주 샌안토니오에서 멕시코 군대를 몰아내고 오래된 전도소(인디언을 기독교로 개종시키기 위해 교육하던 곳)인 알라모를 점거했어요. 텍사스의 민병대를 지휘하던 샘 휴스턴은 승산이 없다면서 알라모를 포기하자고 주장했지만, 민병대원들은 이를 거부하고 끝까지 저항했답니다.

◀ 소총과 장총으로 무장한 1500명의 멕시코 군인들이 알라모 요새 앞에 집결해 있어요.

멕시코 대 텍사스

1740년대	알라모를 짓는 공사가 시작되었어요.
1830년	미국에서 텍사스로 이민자들이 몰려들자 멕시코가 텍사스와 미국 사이의 국경을 닫아 버렸어요.
1835년	멕시코가 텍사스주의 자치권을 빼앗았어요. 텍사스 주민들은 반란을 일으켜 멕시코 군대를 텍사스 밖으로 몰아냈어요.
1836년 2월 23일~3월 6일	알라모 전투
1836년 3월 2일	텍사스가 멕시코로부터 독립을 선언했어요.
1836년 4월 21일	샘 휴스턴이 텍사스주 샌저신토에서 멕시코 군대를 무찔렀어요.
1845년	텍사스가 미국에 합류했어요.

알라모의 영웅

데이비드 크로켓(1786~1836)은 미국의 '국민 영웅'으로, 많은 이들에게 '개척의 왕'으로 알려져 있어요. 테네시주 시골 마을에서 태어난 크로켓은 연설 능력과 입담으로 유명해졌어요. 1826년에 미국 하원의원으로 당선되었지만 1834년에는 당선에 실패했지요. 이후 정치계를 떠나 텍사스의 독립을 위해 싸우러 갔고 알라모에서 죽음을 맞이했어요.

▶ 크로켓은 강인한 개척자이자 텍사스의 독립을 위해 싸운 민병대원으로 널리 알려져 있어요.

죽음을 각오하고

2월 23일 멕시코 군대는 텍사스주 샌안토니오에 도착해 그 뒤로 13일간 알라모를 완전히 포위했어요. 3월 6일 아침 이른 시간, 텍사스주의 민병대원들이 잠들어 있는 사이 멕시코군이 공격을 개시했어요. 민병대는 다급히 잠을 깨고 진격해 들어오는 적군을 향해 총을 쐈지만 소용없는 일이었지요. 90분 만에 요새에 있던 민병대원 189명이 모두 사망했답니다.

▶ 텍사스의 방어군이 벽 너머로 총을 쏘는 동안 뒤에서는 총알을 새로 장전한 총을 계속 전달하고 있어요.

독립 선언

알라모의 공방전이 이어지는 동안 텍사스주는 멕시코로부터의 독립을 선언했어요. 1836년 4월, 텍사스군의 사령관 샘 휴스턴은 샌저신토에서 멕시코군을 무찔렀어요. 이후 텍사스는 멕시코에서 독립해 공화국이 되었고, 1845년 미합중국의 28번째 주로 미국에 합류했답니다.

마지막 저항

1800년대에 미국 정부는 아메리카 대륙의 원주민 부족 중 하나인 수(Sioux)족을 특별 보호 구역으로 몰아넣으려고 했지만, 수족은 계속해서 다코타주의 블랙힐스 지역을 누비며 버펄로를 사냥했어요. 미국의 금광업자들이 금을 찾아 그 지역에 들어서자 수족은 위협을 느꼈어요. 이에 수족은 반격에 나섰지요. 이것이 1876년 6월 25일 미국 땅에서 벌어진 가장 유명한 전투 중 하나인 '리틀빅혼 전투'랍니다.

목숨을 건 전투

1876년 6월 25일, 제7기병연대의 조지 커스터와 그가 이끄는 병사 210명이 몬태나주 리틀빅혼강 근처를 수색하다가 수족의 캠프를 찾아냈어요. 그런데 수족이 그들의 말에 순순히 따르지 않자 그 즉시 공격을 시작했지요. 이내 수족 2500명이 몰려들어 커스터의 연대를 향해 화살로 거센 공격을 퍼부었어요. 커스터는 병사들에게 말을 죽여서 방어벽을 만들라고 지시했지만 때늦은 소리였어요. 기병들은 이미 모두 목숨을 잃은 상황이었답니다.

수족

아메리카 원주민 가운데 라코타 부족과 다코타 부족을 '수족'이라고 해요. 이 지역에서 쓰는 말인 치페아어로 '적(enemy)'이라는 뜻이지요. 이 부족은 원래 미국 서부의 대평원에서 살아왔는데, 이곳은 현재 다코타주와 미네소타주, 몬태나주에 걸쳐 있는 지역이에요. 전쟁을 선호하는 수족은 말 타는 솜씨가 뛰어났고, 말 위에서도 활로 목표물을 정확히 겨냥할 수 있었어요. 수족은 무거운 돌 곤봉과 '토마호크'라는 도끼, 동물의 가죽을 벗기는 데 쓰는 단검 그리고 자기 몸을 보호하기 위한 방패를 가지고 다녔답니다.

▲ 수족은 백병전(맞붙어서 싸우는 것)에서 금속으로 만든 칼날이 달린 곤봉을 사용했어요.

전사의 대장

미국 군대 및 백인 주민들과 원주민들이 분쟁을 겪는 동안 수족을 이끌었던 인물은 '크레이지 호스(성난 말)'(1840~1877 추정)와 '시팅 불(웅크린 황소)'(1831~1890 추정)이었어요. 이들은 백인 이주민들이 수족의 땅을 빼앗는 일을 막고자 했고, 이로 인해 많은 전투가 벌어졌지요. 크레이지 호스는 그저 "평화롭게 우리끼리 살 수 있기를" 바랄 뿐이었다고 해요.

◀ 수족의 족장인 시팅 불은 리틀빅혼 전투에서 미국 기병을 상대로 부족의 승리를 이끌어 냈어요.

수족은 전속력으로 달리는 말의 옆구리에 매달려 있기도 했어요. 말의 몸통을 일종의 방패로 이용하려고 말이에요.

수족 대 미국

1874년	미국 사우스다코타주 서부의 블랙힐스산맥에서 금이 발견되면서 금을 찾으려는 사람들이 몰려들었어요.
1875년	미국 정부가 수족에서 특별 보호 구역으로 이동하라고 명령했어요.
1876년 6월 18일	수족을 보호 구역 안으로 강제로 몰아넣기 위해 미국 군인들이 수족의 생활 구역으로 들어갔다가 로즈버드강에서 '크레이지 호스'의 공격을 받았어요.
1876년 6월 25일	**커스터와 그의 부하 210명이 리틀빅혼에서 모두 사망했어요.**
1876~1877년	미국 기병들이 수족을 물리쳤어요.
1877년 5월	크레이지 호스가 항복했어요.
1881년 6월	시팅 불이 항복했어요.
1890년	수족의 마지막 저항으로, 사우스다코타주에서 운디드니 전투가 벌어졌어요.

▼ 수족이 리틀빅혼 전투에서 커스터와 그 부하들을 무찌르는 데 걸린 시간은 한 시간 남짓이었습니다.

미국을 이끌다

조지 커스터(1839~1876)는 미국 남북전쟁 때 북군의 일원으로 크게 활약해 23세에 미국 육군의 최연소 장군이 되었어요. 남북전쟁이 끝난 뒤에는 원래의 계급이었던 중령으로 계속 육군에 남아 아메리카 원주민을 상대로 미국 기병과 함께 싸웠답니다.

◀ 커스터는 능력을 인정받은 뛰어난 군인이었지만 리틀빅혼에서는 수족에게 밀렸어요. 리틀빅혼 전투는 '커스터의 마지막 전투'라고도 알려져 있어요.

미국 기병

남북전쟁이 끝나고 1865년에 창설된 미국 기병은 서부에서 지역 원주민에 맞서 백인들을 보호했어요. 백인 거주지들을 호위하고, 요새를 쌓고, 원주민들의 공격에 맞서 싸웠지요.

▼ 미국 기병들은 스펜서 소총과 콜트 권총을 들고 싸웠어요.

줄루 파워

대영 제국이 아프리카 남부로 영토를 넓혀 나가는 과정에서 영국은 줄루족과 마주하게 되었어요. 줄루족은 용감하고 잘 훈련된 뛰어난 전사들로, 최신 무기가 부족한 상황을 극복하고도 남을 정도였지요. 1879년 마침내 영국과 줄루족 사이에 전쟁이 터지고 말았답니다.

▲ 무장을 채 갖출 겨를 없이 영국 병사들은 강력한 줄루 전사들에게 크게 패하고 말았답니다.

커다란 패배

1879년 1월, 첼름스퍼드 경이 이끄는 영국 군대가 줄루 왕국으로 쳐들어갔어요. 첼름스퍼드는 군사를 둘로 나눠서 영국 병사 800명과 아프리카 식민지에서 차출한 병사 1000명을 이산들와나 평원에 있는 캠프에 남겨 두었어요. 1월 22일, 2만 명의 줄루족 전사들이 이 캠프를 공격했어요. 영국의 피해는 엄청났습니다. 1300명에 이르는 영국군 병사와 아프리카 병사가 목숨을 잃었지요. 이는 영국 육군이 겪은 최악의 패배 중 하나랍니다.

◀ 영국 병사들은 눈에 잘 띄는 붉은색 군복을 입었고, 소총과 총검(소총 끝에 끼우는 칼)을 가지고 다녔어요.

영국 군대

영국 육군은 자발적으로 군대에 들어온 자원 입대자들로 구성되어 있었어요. 이들은 보통 4년에서 8년간 군대에 복무했고, 가장 길게는 21년이나 군생활을 하는 경우도 있었지요. 병사들은 하루 단위로 계산해 돈을 받았고 기본적인 교육을 받아야 했답니다.

맨발의 전사들

줄루족 소년들은 18세에 전사로서 교육받아요. 모의 전투(진짜 전투와 비슷하게 싸우는 훈련)를 통해 서로 싸움 실력을 겨루고, 고된 훈련과 군사 전술을 계속해서 익혀 나가지요. 실제 전투 현장에서 이들은 맨발로 싸워요. 적에게 창을 던지고 가까이 달려가 나무 곤봉과 찌르는 용도의 짧은 창을 휘두르지요. 줄루족은 적을 살려 둔 채 포로로 잡는 법이 없어요. 그 자리에서 바로 죽여서 영혼을 풀어 주기 위해 배를 갈라요.

▶ 줄루족 전사들은 방패를 공격 무기처럼 사용했어요. 방패를 적에게 던져서 쓰러뜨리곤 했지요.

▼ 소규모 영국 군대가 '로크스 드리프트'에서 훨씬 많은 수의 줄루족 군사들을 막아 냈어요.

로크스 드리프트

큰 전투를 치른 날 저녁, 영국군의 작은 초소인 '로크스 드리프트'에서 수비 중이던 140명의 영국 병사들이 4000명의 줄루족들에게 공격을 받았어요. 영국군은 재빨리 마차와 곡물 자루로 방어벽을 치고, 줄루 전사들의 창 공격에 총검으로 맞서 싸웠어요. 줄루족 전사들은 밤새도록 줄기차게 공격을 해 댔지만 결국 아침에 물러나고 말았지요. 영국군의 사망자는 17명인 데 비해 줄루족 전사들은 350명이나 목숨을 잃었답니다. 영국의 이 병사들은 용사들에게 수여하는 가장 큰 훈장인 빅토리아 훈장을 11개나 받았어요.

영국 대 줄루족

1816년	줄루족의 최고 수장 샤카가 줄루 왕국을 세우고 군대도 조직했어요.
1878년 12월	영국이 줄루 왕국의 왕 세테와요에게 영국의 지배를 받아들이라는 최후 통첩을 보냈어요.
1879년 1월 22~23일	영국군이 줄루 왕국에 쳐들어갔지만 이산들와나 평원에서 줄루족에게 크게 졌어요. 한편 영국은 '로크스 드리프트' 초소를 지켜 냈어요.
1879년 3월	영국군의 패배가 계속 이어졌어요.
1879년 7월 4일	본국으로부터 대대적인 지원을 받아 병력을 강화한 영국 육군이 울룬디에서 줄루족을 상대로 대승을 거뒀고 줄루 왕국은 무너지고 말았어요.

143

참호 밖으로

프랑스 북부의 솜 지역에서 벌어진 전투로 역사에 가장 많은 피를 불린 전투로 역사에 기록되었어요. 1916년, 영국 육군은 프랑스 북부의 솜강 근처에 있는 독일군의 최전선방에 큰 구멍을 낼 계획을 세웠어요. 하지만 전투 첫날인 7월 1일에 영국 군대는 재앙과도 같은 패배를 당하고 말았답니다.

방어벽을 뚫어라!

6월 26일, 영국 군대는 적의 방어벽을 무너뜨리기 위해 엄청난 포격을 퍼부었지만 포탄은 대부분 철조망을 부수지도 못했어요. 영국군 포병들은 독일군이 콘크리트를 이용해 방어벽을 다시 만들었다는 사실을 모르고 있었고, 기존의 포탄으로는 새로 지은 콘크리트 방어벽에 큰 타격을 입힐 수 없었거든요.

참호전

7월 1일, 포격이 멈추자 독일군은 참호와 기관총에 병사들을 배치하기 위해 대부분 안전한 장소에서 빠져나왔어요. 독일군에게 대규모 집중포화를 가했던 영국군이 거의 전멸했으리라고 예상하며 가까이 다가갔지요. 하지만 이내 독일군이 쏘아지는 총격에 622명이 목숨을 잃었어요. 수류탄으로 죽이 나갔습니다. 단 10분 만에 영국군 5만 7470명이 죽거나 다쳤지요. 이 전투가 마을 내려 결국 첫날에만 5만 7470명의 영국군이 죽거나 다쳤지요. 이 전투가 마을 내려 11일까지 영국 전영을 합쳐 총 120만 명이 넘는 사상자가 발생했답니다. 그럼에도 이 전투에서 영국은 모두 아무런 소득을 챙기지 못했지요.

영국 육군

전쟁이 막 시작됐을 시점에 영국 군대는 대부분 독일군에 맞서 싸우겠다고 스스로 나선 지원병들로 구성되어 있었어요. 그러다 1916에는 징병병, 즉 강제로 군대에 끌려온 사람들이 합류했지요. 일반적인 무기는 리-엔필드 소총으로, 분에 총검이 달린 것이었어요. 적이 참호에 맞서는 수류탄과 박격포를 이용해 공격했답니다.

▶ 영국군의 8인치 곡사포는 91킬로그램의 포탄을 9.6킬로미터까지 쏠 수 있어요.

▶ 영국 군대는 서부전선을 따라 깊게 땅을 파서 방어용 참호를 만들었어요. 참호 안에는 사격을 위한 발판도 설치해 병사들이 참호 밖으로 몸을 많이 내놓지 않고도 소총을 겨눌 수 있도록 했지요.

144

1917년 6월, 영국군은 벨기에 '메신'이라는 마을에서 45만 3600킬로그램에 이르는 폭탄을 독일군 진선에 쏟아부었어요. 이 폭탄이 폭발하면서 1만 명의 독일군이 목숨을 잃었죠. 폭발 소리가 어찌나 컸던지 20킬로미터 떨어진 런던에서도 들릴 정도였답니다.

▲ 군인들은 기관총을 쏠 때 머리를 아래로 숙이고 있었어요. 기관총을 쏘는 독일 적군이 맞은편에서 총을 쏘기 때문이에요.

살벌한 기관총 세례

양쪽 군대는 상대에게 큰 피해를 입히기 위해 기관총을 이용했어요. 영국의 빅커스, 프랑스의 호치키스 같은 기관총은 삼각대 위에 설치해 1분에 450발까지 쏠 수 있었어요. 이동이 수월한 더 가벼운 기관총도 함께 사용했어요.

독일 육군

당시 독일에서는 전쟁이 이럴 때에도 17세에서 45세의 모든 남성은 군대에 가야 했어요. 전쟁이 터지자 이들은 약 2주 장 훈련받은 병사로 기등봤고죠. 독일군의 유능한 장교들보다 교육 수준이 높았고 더 잘 훈련이 되어 있었어요. 참호를 처음 만든 것도 독일인이었죠. 그들은 처음에 전기와 수도까지 끌어 사용했답니다.

동맹국 대 연합국

1914년 8월
독일이 벨기에와 프랑스를 침입하면서 유럽 대륙에 전쟁이 발발했어요. 오스트리아, 헝가리, 터키에가 한 편이 되어 동맹국을 맺었고 이에 대항해 영국, 프랑스, 러시아가 연합해 '연합군'을 형성했어요.

1914년 9월
독일군이 프랑스로 밀고 들어갔지만 프랑스군 동부에 막판강에서 저지당했어요.

1915년 4월
벨기에 이프르에서 프랑스와 큰 전투가 발생했어요.

1916년 2월
독일이 프랑스 동부의 베르됭에 연속적 공격을 가하기 시작했어요.

숨 전투

1916년 7월
영국이 처음으로 전쟁에 탱크를 이용했어요.

1916년 9월
영국, 전쟁에 휩쓸려 영국, 프랑스의 편에 서서 싸우기 시작했어요.

1917년 4월
독일군은 프랑스로 진격했어요.

1918년 3월
독일군의 전쟁이 실패했어요.

1918년 7월
독일과 연합군은 전쟁을 끝내기 위한 휴전 협정을 맺고, 전쟁을 마무리지었어요.

1918년 11월 11일

145

저격수의 활약

러시아 남부에 위치한 스탈린그라드에서의 전투는 제2차 세계 대전의 흐름을 바꾼 전환점이었어요. 그전까지만 해도 독일은 승승장구하며 거칠 것이 없었답니다. 그런 독일이 이제 소련을 대적하게 되었어요. 소련군은 어떤 대가를 치르더라도 도시를 지킬 각오를 다지고 있었지요. 이 전투는 여섯 달 동안 이어졌고 너무나 많은 사람들이 목숨을 잃었어요. 스탈린그라드 전투는 결국 독일군에 큰 패배를 안겼답니다.

바르바로사 작전
(독일의 소련 침공 작전)

스탈린그라드 전투가 벌어지기 1년 전인 1941년 6월 22일, 독일은 300만 명이 넘는 병사와 3000대의 탱크, 2500대의 비행기를 이끌고 소련을 침략했어요. 소련은 당혹감에 휩싸일 수밖에 없었지요. 단 며칠 만에 공군은 초토화되었고 60만 명이 넘는 군인이 죽거나 포로로 붙잡히고 말았답니다.

스탈린그라드 전투

1942년 8월, 27만 명의 독일군이 소련의 스탈린그라드를 공격했어요. 독일군은 소련의 방어군을 볼가강 서쪽 끝까지 밀어붙였지요. 11월에는 소련군이 반격에 나서 독일군을 에워싸기도 했어요. 이 둘 사이에 치열한 전투가 이어진 끝에 1943년 2월 마침내 독일군이 물러났어요. 이 전투로 약 75만 명의 독일 병사가 죽거나 다쳤고, 소련군 110만 명이 목숨을 잃었답니다.

▶ 스탈린그라드로 향하던 소련군 수천 명이 독일군에게 포로로 붙잡혔어요.

▶ 스탈린그라드에서 소련군 병사들은 건물 안에 피신해 있던 독일군에게 수류탄을 던졌어요.

독일 대 소련

- **1941년 6월 22일** 독일과 동맹국들이 소련을 침공했어요.
- **1941년 9월 15일** 독일군이 900일 동안 레닌그라드(지금의 상트페테르부르크)를 포위하고 공방전을 벌였어요.
- **1941년 11월 23일** 독일군이 모스크바 근처까지 다다랐어요.
- **1942년 8월 19일** **독일군이 스탈린그라드를 공격했어요.**
- **1942년 11월 23일** 소련군이 스탈린그라드에서 독일군을 에워쌌어요.
- **1943년 2월 2일** 독일군이 스탈린그라드에서 물러났어요.

▼ 독일군에게 포위되어 공격받는 스탈린그라드를 지원하기 위해 최대 4000대에 이르는 소련군 탱크가 이동하고 있어요.

저격수

스탈린그라드의 폐허가 된 건물 안에서는 양쪽 진영의 잘 훈련된 저격수들이 적을 하나하나 쓰러뜨렸어요. 저격수들은 심지어 같은 건물의 서로 다른 층에서 서로 싸우기도 했지요. 독일군 40명을 죽인 소련의 저격수들은 무공훈장을 받고 '저격수의 전설'이라는 타이틀까지 얻었답니다.

▼ 소총에 달린 조준 망원경을 통해 저격수들은 목표물을 더 확대해서 볼 수 있었어요.

폐허가 된 도시

소련의 지도자였던 이오시프 스탈린의 이름을 딴 공업 도시 스탈린그라드는 러시아의 남쪽 볼가강 근처에 자리하고 있어요. 독일군은 적군이 중요하게 여기는 이 도시를 반드시 손에 넣고자 했고, 소련은 지도자의 명예를 더럽히지 않기 위해 이 도시를 어떻게든 지켜야 했지요. 전투가 계속되면서 도시는 폐허가 되어 갔어요. 모든 건물이 무너지거나 큰 피해를 입었고, 많은 사람들이 폐허 속에서 가까스로 삶을 이어나갔지요. 오늘날 이 도시는 다시 정돈되었고 지금은 '볼고그라드'라는 명칭으로 불리고 있어요.

▶ 1942년 10월, 독일 군인들이 스탈린그라드의 폐허 속을 순찰하고 있어요.

탱크 전쟁

1943년 7월, 러시아의 쿠르스크 근처에서 대규모 탱크 전투가 벌어졌어요. 탱크 2900대로 밀고 들어온 독일군의 강력한 공격을 소련군의 탱크 5000대가 맞받아쳤지요. 이 전투에서 소련군이 승리하면서 독일군은 1945년 5월 항복을 선언할 때까지 다시는 소련에 발을 들이지 못했답니다.

쿠르스크 전투

1943년 7월, 독일과 소련이 마주한 전선은 러시아 남부 쿠르스크 주위로 '툭 튀어나온' 모양을 하고 있었어요. 독일은 이 지역을 차지하고자 했지만, 소련군은 병사를 더 많이 배치하고 거대한 요새를 구축했지요. 7월 5일에 독일군은 2900대의 탱크와 78만 명의 병사들을 이끌고 공격에 나섰어요. 이에 맞서 소련군은 140만 명의 병사와 5000대의 탱크를 확보하고 있었답니다. 군사 장비와 사람이 워낙 많이 개입된 탓에 이 전투에서는 탱크끼리 부딪히는 일도 비일비재했어요.

독일의 판처 탱크

독일군의 탱크는 애초에 적군의 어떤 탱크보다도 뛰어났지만, 숫자와 화력 면에서 단연 앞서 있었던 소련의 T-34 탱크에게 결국 밀려나고 말았어요. 독일은 전쟁 기간 동안 약 9000대의 판처 IV 탱크를 만들었답니다.

▼ 빠르고 안정적인 판처 IV 탱크는 원래 군사 지원용 차량으로 만들어진 거예요. 병사 다섯 명씩 전투 현장으로 실어 날았어요.

▼ 소련의 T-34 탱크가 일렬로 최전선(적과 곧장 마주치는 곳)을 향해 나아가고 있어요. 하늘에서는 스투르모빅 공격기가 발이 묶인 독일군을 공격했어요.

독일 대 소련

1943년 2월	소련의 붉은 군대가 스탈린그라드에서 독일군을 이겼어요.
1943년 7월 4일~8월 23일	쿠르스크에서 대규모 탱크 전투가 벌어졌고, 소련의 붉은 군대가 승리했어요.
1943년 8월	붉은 군대가 우크라이나로 진입했어요.
1944년 1월	길고 길었던 독일군과의 레닌그라드 공방전이 소련군의 승리로 끝났어요.
1944년 7월	붉은 군대가 폴란드와 독일의 동부로 진입했어요.
1945년 1월	폴란드의 수도 바르샤바가 붉은 군대의 손안에 들어갔어요.
1945년 4월	붉은 군대가 베를린을 포위했어요.
1945년 5월 7일	독일이 항복했어요.

붉은 군대

독일에 맞서 싸운 처음 몇 달 동안 소련의 군대는 조직 체계도 엉망이었고 장비도 부실했어요. 그러다 보니 수백만 명에 이르는 병사가 죽거나 포로로 붙잡혀 버렸지요. 전쟁이 계속되면서 소련군은 탱크로 싸우는 법을 익혀 나갔고, 뒤로 물러나는 독일군을 상대로 큰 승리를 거머쥐기도 했답니다.

▼ 쿠르스크 전투에서 단 하루 사이에 700대가 넘는 탱크가 부셔졌어요.

▼ 붉은 군대의 병사들이 지휘관에게 지시를 받기 위해 모여 있어요.

소련의 T-34 탱크

T-34는 4인승 탱크였어요. 튼튼하고 기동력이 뛰어난 데다 외장도 탄탄했지요. 기계적으로 단순하고 만들기 쉽게 설계된 T-34는 탱크포 1대와 기관총 2대를 장착하고 있었어요. 1941년에 공장에서 T-34 탱크가 처음 나왔고, 1944년 5월까지 소련은 매달 1200대씩 이 탱크를 생산했답니다.

찾아보기

볼드체(굵게 표시한 것)는 주제를 설명하는 글에 해당하고,
이탤릭체(기울어지게 표시한 것)는 그림이나 사진 설명에 해당합니다.

ㄱ

가면 46, *46*, 47, 50, *50*
가미카제 27, *27*
가브릴로 프린치프 23, *23*
감옥 84, 90
갑골 문자 53, *53*
갤리언선 71, 77, *77*, 136, 137, *137*
거대한 무덤 25, *25*
거머리 34
거석 **80–1**
거울의 방 113, *113*
건축 기술
    마추픽추 96
    앙코르와트 98, 99
    중국의 만리장성 89
    타지마할 110
    피라미드 82, 83
검투사 92, 93, *93*
게이샤 28, *28*
겐페이 전쟁 131
계단형 피라미드 83, *83*
고고학적 발견 **44–5, 46–7, 70–1, 72–3**
고대 문자 **52–3**
고대의 세계 7대 불가사의 **16–7**
고리버들 틀 26, *26*
고분 81
곡사포 144, *144*
공방전(공성전) **12–13**, 123, **124–5**, 133, **138–9**, 147
공성 망치 13, 125
공자 18, *18*
공장 노동자의 집 37, *37*
관 9, *9*, 47, 62, *62*
우르반 2세 교황 101, 102
교회와 성당 **48–9**, 75, *75*, **100–1**
구멍 13
구아자르의 보물 67, *67*
구원의 예수상 105, *105*
국제 박람회(만국 박람회) 85
궁수 12

궁전
    베르사유 **112–13**
    알람브라 84, *84*
    자금성 85, *85*
권총 141, *141*
귀도 레니 74
그레이트 서펜트 마운드 73, *73*
그레이트 스핑크스 83, *83*
그리스 46, 47, 54, 58, 70, 71, 84, **118–19**
그림 복원 74, *74*
극장 87, *87*
글래디에이터(영화) 38
금 44, 46, 47, 61, *61*, 66, 141
기갑보병 **20–1**, 118, *118*
기계식 계산기 70, *70*
기관총 144
기념물 **48–9, 84–5, 94–5, 110–11**
기념비 69, *69*
기사 21, 132, 133
기자의 그레이트 피라미드 16, *16*, **82–3**, 98
긴 배 126, *126*
긴 창 128
긴 활 132, *132*

ㄴ

나무 조각품 77, *77*
나바테아 57, 86, 87
나스카 사막 73, *73*
나이지리아 50
나이테 64, *64*
나이테 연대 64
나트론 9, *9*
나폴레옹 1세 41
낙타 10, 11
난파선 **70–1**
남아프리카공화국 19, 41
넬슨 만델라 19, *19*
노르망디 126
노르망디 공국의 윌리엄 39
노예 36, 123
누미디아 123
누에고치 41, *41*

누에스트라 세뇨라 데 아토차 71
뉴그레인지 81, *81*
뉴질랜드 58
늪지대 시체 63, *63*
니콜라스 혹스무어 100

다리 **90–1**, 96
    골든게이트 브리지 90, *90*
    브루클린 브리지 90, *90*
    올드 런던 브리지 90, *90*
    탄식의 다리 90, *90*
    퐁 뒤 가르 91, *91*
    하버 브리지 91, *91*
    현수교 90, *90*
다리우스 1세(다리우스 대왕) 51, 53, 118
다리우스 3세 왕 120, 121
다이라 가문 130, 131
당김식 투석기 12
대형 구기장 106, *106*
데이비드 크로켓 139, *139*
도굴꾼 61, *61*
도로 건설 96, *96*
도자기 58, *58*, 74, *74*
도끼 117, 127, *127*
독일군 144, 145, **146–7**
돌 달력 58, *58*
동물농장 41
동물 모양 장난감 59, *59*
동상 46, *46*, 48, *48*, 57, *57*, 75, *75*, **104–5**
동전 45, *45*, 71, *71*
두개골을 뚫는 수술 35, *35*
두꺼비 35
드레스덴 75, *75*
드루이드 26, *26*, 80
뜨개질 59, *59*

라 83
라마야나 99

라파 누이 104
람세스 2세 116, 117
랜드마크 **48–9**, **84–5**, **94–5**, **110–11**
레갈리아 67, *67*
로도스의 동상 17, *17*
로마 44, 45, 91, **92–3**, 94, **122–3**, **124–5**
    보병 20, *20*
    예복 28, *28*
    제국 38, *38*
로제타 돌(로제타석) 52, *52*
러산 대불 104, *104*
러시아/소련 105, **108–9**, 128, 129, **146–9**
리 하비 오즈월드 23
린디스판섬 126

마르코 폴로 15
마르쿠스 아우렐리우스 18, *18*
마리 앙투아네트 113
마사다 **124–5**
마야 48, **106–7**
마오리족 29, *29*, 58
마우솔레움 17, *17*
마천루 49, *49*
마추픽추 56, **96–7**
마케도니아 120
마케도니아의 왕 필립 2세 121
마하바라타 99
만리장성 50, *50*, **88–9**
말 10, 11, *11*, 119, 128, 135, 140, 141
메닝 문 기념비 69, *69*
메루산 98
메리로즈호 71, *71*
메소포타미아 51, 61
멕시코 48, 58, 59, **106–7**, **138–9**
멘히르 81, *81*
모스크바, 러시아 **108–9**
모아이 48, *48*, 104, *104*
모체족의 시판 왕 66, 67
몰던 전투 127
몽골 10, 88, 108, **128–9**, 131
몽골족 **128–9**

무굴 제국 111
무기(무장) **20-1**, 39, 118, 123, 128, 131, 133, *133*
무덤 49, **60-1**, 67, 69
　뉴그레인지 81, *81*
　웨스트민스터 사원의 이름 모를 군인 100
　카르나크 81
　타지마할 49, *49*, **110-11**
　페트라 86, *86*, 87, *87*
　피라미드 48, *48*, 67, 68, **82-3**
무덤의 보물 67
무사도 130
무스타파 케말 아타튀르크 95
무와탈리 2세, 히타이트의 왕 117
문자 **52-3**
뭄타즈마할 111, *111*
미국 49, 58, 59, 73, 76, 84, 85, 90, 105
미국 기병 **140-1**
미나모토 가문 130, 131
미나모토 요리토모 131
미노타우로스 27
미라 **8-9**, 47, **62-3**, 64, 65
미라로 만든 개 9, *9*
미라로 만든 고양이 9, *9*
미라 만드는 과정 **8-9**
민중 문자 52, *52*
밀집 대형 118
밀티아데스 118

바그다드 129
바르샤바 149
바빌론 77
바빌론의 공중정원 16, *16*
바이르트노트 127
바이킹 20, *20*, 61, 66, **126-7**
바티칸시국 101
박물관 59, 69, *69*, **76-7**
발라클라바 전투 11
발자국 54, *54*
방패 117, 118, 127, 128, 143, *143*
배와 보트 44, *44*, 61, *61*, 77, *77*, 118, 122, 126, *126*, 136, 137, *137*

백 년 전쟁 39, **132-3**
법 **32-3**, **40-1**
베닌 제국 50
베르됭 전투 145
베르사유 **112-13**
베를린 장벽 85
베수비오산 55
베슬럼 왕립 병원(베들렘) 34, *34*
베이징 85
벨기에 68
보물찾기 44, *44*, **66-7**, 71
보병 12
보석 55, *55*, 67, *67*
복원 74
볼고그라드 147
봉헌물 67
부디카 여왕 124, *124*
부케팔로스 121
부항 34, *34*
부잣집 부엌 40
불교(부처) 98, 104
붉은 광장 109, *109*
붉은 군대 149
브라마 98
브라질 105
브란덴부르크 문 85, *85*
블라디미르 레닌 109
비단 산업 41
비둘기 11
비만 법 40
비슈누 98, *98*, 99
비잔틴 제국 94
빅벤 85, *85*
빅커스 기관총 145
빅토리아 여왕 36, *36*, 76
빗 58, *58*

사르곤 1세 51, *51*
사무라이 21, *21*, **130-1**
사원(신전) 48, *48*, 49, *49*, **56-7**, 75, *75*, **110-11**, 116, 117
　그리스의 신전 84, *84*

마야의 신전 106, *106*, 107, *107*
잉카의 신전 97, *97*
캄보디아의 사원 98–9
사진 68, *68*
사티 27, *27*
사해 두루마리 45, *45*
산업 혁명 36–7
상아 50, *50*, 58, *58*
상형 문자 52, *52*
샌프란시스코만 90, *90*
샘 휴스턴 138, 139
샤르트르 대성당 48, *48*, 49, 101, *101*
샤자한 49, 111, *111*
샤카 143
샤토 가이야르(성) 13, 102, *102*
석궁 132, *132*, 135
석기 시대 80, 81
선형 문자 A 53
설형 문자 53
성 12–13, 102–3
성당과 교회 **48–9**, 75, *75*, **100–1**
  샤르트르 대성당 101, *101*
  성 베드로 대성당 101, *101*
  성 바실리 대성당 109, *109*
  아야소피아 **94–5**
  웨스트민스터 사원 100
성지 95, 102, 103
세계의 불가사의 **16–17**
세테와요 143
소총 141, *141*, 142, *142*, 144, 147, *147*
쇠사슬 갑옷 133
수리야바르만 2세 98
수정궁 37, *37*
수족 **140–1**
수학 107
스코틀랜드의 메리 여왕 137
스탈린그라드 전투 105, **146–7**
스태포드셔 보물 창고 44, *44*
스테인드글라스 101, *101*
스톤헨지 49, *49*, 72, *72*, 80, *80*
스페인 84
스페인의 무적함대 **136–7**
스페인의 왕 펠리페 2세 136, 137
스페인의 정복자 96, 97, 106, **134–5**

스피릿 오브 세인트루이스 76, *76*
슬럼 37
시리아 **102–3**
시베리아 63
시칠리아 122
시팅 불 29, 140, *140*, 141
식생활 65, *65*
신
  그리스 84
  마야 107
  이집트 83
  잉카 97
  힌두교 98
신석기 시대 72
십자군 66, 94, 95, 102
십자군의 성 102, 103

ㅇ

아그라 110
아르테미스 신전 17, *17*
아메리카 원주민 29, *29*, 73
아부심벨 75, *75*, 116
아소카 38
아시리아 왕국 46
아일랜드 81
아쟁쿠르 전투 133
아즈텍 21, *21*, 58, 135
아즈텍의 제물 의식 26, *26*
아카드 51, 53
아크로티리 54, 55
아타우알파 134, 135
아테나 84
아틸라 18, *18*
아파르트헤이트 19
악당 **18–9**
알라모 공방전 **138–9**
알람브라 84, *84*
알렉산더 포프 38
알렉산드르 2세(러시아의 차르) 23, *23*
알렉산드리아의 파로스 등대 17
알렉산더 대왕 10, **120–1**
알 카포네 87, *87*

암살 19, 22-3
암포라 58, 58, 70, 70
앙리 4세(프랑스의 왕) 22, 22
앙코르와트 56, 98-9
앙코르 톰 56
앨버트 공 37
앨커드래즈 84, 84
앵글로색슨 44, 126
약 34-5
어머니 조국상 105, 105
에드워드 '검은 왕자' 133, 133
에드워드 티치(검은 수염) 14, 14
에르난 코르테스 135
에이브러햄 링컨 19, 19
에이브버리 72, 72
에펠탑 85, 85
엘리아자르 벤 야이르 125
엘리자베스 시대의 옷 28, 28
엘리자베스 1세 여왕 136, 136, 137
엘 카라콜 107, 107
여장 12
역사 다시 세우기 74-5
역사의 재현 59
영국/잉글랜드 44, 45, 49, 58, 59, 60, 63, 72, 76, 80, 85, 90, 100, 124, 126, 132, 136, 142, 144
영웅 18-9
예루살렘 101, 102, 103
오고타이 128
오를레앙 공성전 133
오스만 투르크 94, 95
오스트레일리아 91
오스틴 헨리 레이어드 46
올드 런던 브리지 90, 90
올라프 트뤼그바손 127
옷 28-9, 40, 59, 59, 76, 76
왕가의 계곡 47, 61, 117
외치, 아이스맨 63, 63, 65
요르단 57, 86-7
요한 루트비히 부르크하르트 57
우르 61
우르반 2세 교황 102
우연한 발견 44-5
운디드니 전투 141
울룬디 전투 143

원자 폭탄 39, 39
웨스트민스터 사원 100
윌리엄 버클랜드 60
윌리엄 2세 (잉글랜드의 왕) 22, 22
윌리엄 캐번디시 36
유네스코 75
유대인 124-5
유럽의 복장(18세기 말) 29, 29
유리 제품 59, 59
유목민 128
유스티아누스 94, 94
율리우스 카이사르 22, 22, 26
은 44, 61, 61, 66
음식 30-1
이디아 태후 50, 50
이라크 46
이란 51, 53
이반 대제의 종탑 108, 108
이빨 65, 65
이세니족 124
이스탄불 94-5
이스터섬 48, 104
이슬람교 94, 95, 102, 103, 111
이오시프 스탈린 19, 19, 147
이집트 8-9, 52, 59, 61, 62, 75, 82-3, 116-17
이츠하크 라빈 23, 23
이탈리아 55, 90, 92-3, 101
이프르 전투 68, 68, 69, 145
인간 제물 107
인더스 문자 53, 53
인도 49, 110-11
인티 97
인티와타나 97
일본 130-1
일상 속 물건들 58-9
일터 37, 37
잃어버린 도시 54-5, 56-7, 86-7
잉글랜드의 리처드 1세 102
잉글랜드의 메리 1세 136
잉글랜드의 에드워드 3세 132, 133
잉글랜드의 엘리자베스 1세 136, 136, 137
잉글랜드의 조지 4세 100
잉글랜드의 헨리 5세 133
잉카 51, 56, 96-7, 134-5

ㅈ

자금성 85, *85*
자유의 여신상 105
잔다르크 133
장례식 60-1
장프랑수아 샹폴리옹 52
재건 74, *75*
저격수 147
저승 47, 62, 67
전사 20-1, 38-9, 114-49
전서구 11
전염병 24-5
전자 현미경 65
전쟁
    겐페이 전쟁 131
    백 년 전쟁 39, **132-3**
    제1차 세계 대전 23, **68-9**, 100, **144-5**
    제2차 세계 대전 75, 85, 105, **146-9**
    칼링가 전투 38
    포에니 전쟁 **122-3**
전쟁 속으로 **68-9**
전쟁에 동원된 동물들 10-11
전쟁에 이용된 개 11, *11*
전쟁용 코끼리 10, *10*, 121, *121*, 123
전족 28
전차 92, *92*, **116-17**, 120
전축 58, *58*
전투 **114-49**
    가우가멜라 121
    그라니쿠스 120
    그라블린 137
    구리카라 130
    나헤라 39
    로크스 드리프트 143
    리틀빅혼 **140-1**
    마라톤 **118-19**
    몰던 127
    미칼레 116
    밀레 122
    발라클라바 11
    베르됭 145
    살라미스 119
    샌저신토 139
    솜 **144-5**
    스탈린그라드 **146-7**
    슬로이스 133
    아쟁쿠르 133
    운디드니 141
    울룬디 143
    이산들와나 142
    이수스 120
    이프르 145
    카데시 **116-7**
    칸나에 123
    쿠르스크 **148-9**
    크레시 132
    테르모필레 119
    푸아티에 133
    플라타이아이 119
    헤이스팅스 126
    히다스페스 121
전화기 58, *58*
절단 수술 35, *35*
점토 군대 **43-4**, 46, 47, *47*, 88
정신 질환 34, *34*
제국 **50-1**
제물(희생) **26-7**, 51, 61, 63, 67, 107
제우스 동상 16, *16*
조지 오웰 41
조지 커스터 140, 141, *141*
존 F. 케네디 23, *23*
죄와 벌 **32-3**
줄루족 21, *21*, **142-3**
중국 50, 53, 60, 85, **88-9**, 104, 128, 129
중세 기사 21, *21*
중세 의학 34
쥐 24, *24*
지도자들 **18-19**, **22-3**
지진 95, 96
진시황 47, 88, *88*

ㅊ

차르 108
    알렉산드르 2세(러시아의 차르) 23, *23*
차르의 종 108, *108*

차탈회위크 57, *57*
참호(땅굴) 69, *69*
참호전 144, *144*, 145
창 118, 123, *127*, 143
채찍질 형벌 25
천문대 107, *107*
천연두 97
철기 시대 59
청동 59, *59*, 60, *60*, 66, *66*
체스 장기말 58, *58*
촛대 모양 전화기 58, *58*
총안 13
촬영 65, *65*
출파 63
치첸이트사 48, *48*, **106–7**
치통 34
칠레 63
칭기즈칸 128, *128*, 129

카누푸스의 단지 8, *8*
카르나크 81, *81*
카르타고 **122–3**
칼 117, 127, 130, *130*, 131, *131*
칼레 포위전 133
칼리굴라 18, *18*
칼링가 전투 38
칼후(님루드) 46
캄보디아 56, **98–9**
캐나다 77
캘리그래피 111
커다란 방패 13
켈트족 45, 59, 123
켈트족의 드루이드교 26, *26*
코란 95
코끼리 10, *10*, 121, *121*, 123
콘스탄티누스 황제 94
콘스탄티노플 66, 94, 95
콜로세움 92, 93, *93*
쿠빌라이칸 129
쿠스코 51
쿠쿨칸 107

크누트 126
크라이슬러 빌딩 49, *49*, 85
크락 데 슈발리에 **102–3**
크레시 전투 132
크레이지 호스 140, 141
크레타 53, 54
크렘린 **108–9**
크로스비 개럿 헬멧 44, *44*
크리스토퍼 콜럼버스 14, *14*
키르쿠스 막시무스 92, *92*
키푸 134
킬드러미 성, 영국 13

ㅌ

타이태닉 70, *70*
타지마할 49, *49*, **110–11**
탄소 연대 측정 64, *64*
탄자니아 54
탐험가들 **14–15**
태피스트리 76, *76*
탱크 145, 147, **148–9**
테노치티틀란 135, *135*
테베 61
테스투도 124
텍사스 **138–9**
텔레비전 59, *59*
토가 28, *28*
토템폴 77, *77*
토토나카족 59
톨텍족 48
투석기 12, 125
투탕카멘 15, *15*, 47, *47*
튀르키예 47, 57, **94–5**
트로이 6, 7, 15, *15*, 47
트로이 전쟁 **6–7**
트리에레스 118, 122
티라섬 54

파라오 9, 61, 64, 75, 82, 83, 116, 117

파라오 카프라 83
파르테논 **78–9**, 84, *84*
파블로페티리 71
파이스토스 원반 53, *53*
판처 탱크 148, *148*
팔레스타인 45
패션 **28–9**
페루 51, 56, 63, 67, 73, **96–7**
페르디난드 마젤란 14, *14*
페르세폴리스 51, *51*
페르시아 제국 51, 53, **118–19**, 120, 121
페이디피데스 119, *119*
페트라 57, *57*, **86–7**
편지와 일기 68
평화 조약 117, 119, 133
포루스 왕 121
포병 144
포에니 전쟁 **122–3**
폭군 이반 19, *19*
폴란드 67
폴리네시아인 48
폼페이 55, *55*
푸아티에 전투 133
프라우엔 교회 75, *75*
프란시스코 피사로 134, 135
프란츠 페르디난트 23, *23*
프랑수아 라바이약 22, *22*
프랑스 48, 59, 76, 81, 85, 91, 101, 102, 112, 132
프랑스의 루이 14세 112, 113
프랑스의 장 2세 133, *133*
프랑스의 필립 2세 102
프랜시스 드레이크 15, *15*, 137, *137*
프레데릭 오귀스트 바르톨디 105
프레셀리 80
플로렌스 나이팅게일 19, *19*
피라미드 48, *48*, 67, **82–3**, 98

하워드 카터 15, *15*, 47, *47*
하이다족 77
하이럼 빙엄 56, 97, *97*
하인리히 슐리만 15, 47

하투실리 3세(히타이트의 왕) 117
한니발 10, 122, *122*
함선 137
핫셉수트 64, *64*
해리 S. 트루먼 39
헤롯 왕 125
헤르쿨라네움 55, *55*
헨리 롤린슨 53, *53*
헤이들리 성, 영국 13
헨지 72, *72*
혁명 113
현수교 90, *90*
호딩 13
호미니드 54
화물 70, 71
화산 폭발 **54–5**
화승총 135
화장품 58
활과 화살 117, 128, 131, *131*
훌라구 128, 129
흑사병 **24–5**
히로시마 39, *39*
히타이트 **116–17**
힌두교 27, 98, 99

CT 촬영 65, *65*
DNA 검사 64
T–34 탱크 **148–9**
X선 65, 74

최강 역사 백과

초판 1쇄 발행 2023년 7월 15일 | **지은이** 마일즈켈리 편집부 | **옮긴이** 황덕창
펴낸곳 보랏빛소 | **펴낸이** 김철원 | **책임편집** 김이슬 | **편집** 김시경 | **마케팅·홍보** 이운섭 | **디자인** 김규림
출판신고 2014년 11월 26일 제2015-000327호 | **주소** 서울시 마포구 포은로 81-1 에스빌딩 201호
대표전화·팩시밀리 070-8668-8802 (F)02-323-8803 | **이메일** boracow8800@gmail.com

ISBN 979-11-93010-21-1 (74030)
979-11-90867-83-2 (세트)

First published in 2015 by Miles Kelly Publishing Ltd
Harding's Barn, Bardfield End Green, Thaxted, Essex, CM6 3PX, UK
Copyright @ Miles Kelly Publishing Ltd 2015
All rights reserved.
No part of this publication may be reproduced, stored in a retrieval system,
or transmitted by any means, electronic, mechanical, photocopying, recording,
or otherwise, without the prior permission of the copyright holder.

KOREAN language edition ⓒ 2023 by Borabit So Publishing Co.
KOREAN language edition arranged with Miles Kelly Publishing Ltd. through POP Agency, Korea.

● 이 책의 한국어판 저작권은 팝 에이전시(POP Agency)를 통한 저작권사와의 독점 계약으로 보랏빛소가 소유합니다.
신 저작권법에 의하여 한국 내에서 보호를 받는 저작물이므로 무단전재와 무단복제를 금합니다.